SON ÉMINENCE

LE

CARDINAL LANGÉNIEUX

NOTICE BIOGRAPHIQUE — FÊTES DU CARDINALAT

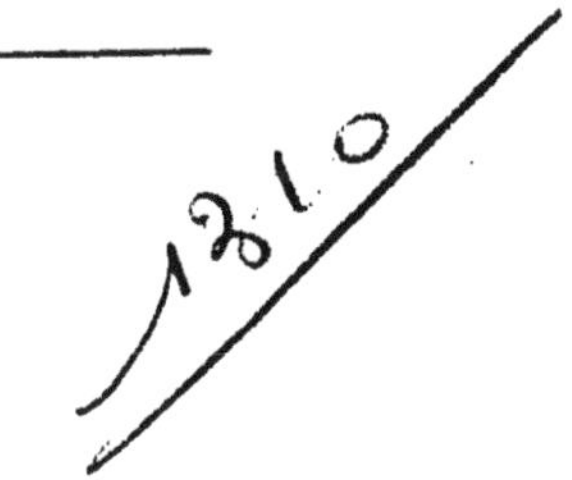

REIMS
Armand LEFÈVRE, Libraire-Editeur
30, Rue de l'Université, 30
1887

SON ÉMINENCE

LE

CARDINAL LANGÉNIEUX

SON ÉMINENCE

LE

CARDINAL LANGÉNIEUX

NOTICE BIOGRAPHIQUE — FÊTES DU CARDINALAT

REIMS
Armand LEFÈVRE, Libraire-Editeur
30, Rue de l'Université, 30
1887

LE CARDINAL LANGÉNIEUX

NOTICE BIOGRAPHIQUE

e Cardinal LANGÉNIEUX (Benoit-Marie) est né le 15 Octobre 1824, jour de la fête de sainte Térèse, à Villefranche-sur-Rhône.

De bonne heure, il quitta cette ville. Mais il n'oublia jamais son diocèse d'origine. Les nombreux pélerinages qu'il fit dans la suite à Notre-Dame-de-Fourvière montrent qu'il aima toujours à mettre ses sollicitudes pastorales sous la protection de la Vierge qui a béni son berceau.

Amené à Paris dès l'âge de huit ans, Benoit-Marie se fit bientôt remarquer par sa piété. Prier, dresser de petits oratoires et les orner de fleurs, voir et reproduire les cérémonies religieuses était toute sa joie et la constante préoccupation de son esprit. On admirait son goût précoce pour tout ce qui touche au culte, et on aimait à y voir un présage de l'avenir.

Ces heureuses dispositions, du reste, étaient encouragées par les exemples et les leçons de sa mère, dont les fortes vertus s'imprimaient doucement et à son insu dans sa jeune âme. — Ce n'est pas la première fois qu'on le remarque : auprès du berceau des hommes dont s'honore la société et l'Eglise, on retrouve toujours les vertus d'une mère. — Madame Langénieux employa donc tous les soins de sa tendresse maternelle à nourrir et à développer les germes précieux que la Providence avait déposés dans le cœur de son enfant; et lorsque celui-ci, après sa première Communion qui eut lieu le 3 Juillet 1836, s'ouvrit définitivement à elle de son désir d'entrer dans l'état ecclésiastique, elle fut la première à l'encourager et à le diriger dans la voie de sa vocation. Bientôt, comprenant que si Dieu lui faisait la grâce et l'honneur d'appeler son fils au sacerdoce, il était d'une souveraine importance de lui assurer, le plus tôt possible, le bénéfice de l'éducation spéciale que l'on donne aux éléves du sanctuaire, elle résolut, sans tenir compte du sacrifice qu'elle s'imposait à elle-même, de le placer au séminaire.

Le petit séminaire de Saint-Nicolas était alors dirigé par M. l'abbé Didon, auquel allait bientôt succéder M. Dupanloup. On sait quelle admirable impulsion ce dernier a donné aux études et quel ascendant il exerçait déjà sur la société parisienne. Les familles les plus distinguées lui confiaient l'éducation de leurs enfants dont un grand nombre brillent aujourd'hui dans le monde, dans l'armée, dans l'Eglise. Il suffit de citer : le duc de Noailles, le marquis de Dreux-Brézé, le général de Gallifet, le cardinal Lavigerie, Nosseigneurs de La Tour d'Auvergne, Foulon,

Hugonin, Soubiranne, le P. de Gabriac, etc., qui, tous, ont été les condisciples du cardinal Langénieux.

Dès son arrivée au séminaire, Benoit-Marie sut conquérir l'estime et l'affection de chacun, et il ne tarda pas à prendre le premier rang, non seulement à cause de ses brillants succès, mais encore par l'invariable amabilité de son caractère. « Le premier au jeu et le premier à l'étude, nous disait dernièrement un de ses condisciples, je ne me souviens pas qu'il nous ait jamais donné un sujet de mécontentement, ni, à nos maîtres, un sujet de plainte. » Aussi, était-il l'élève préféré de M. Dupanloup qui lui confia de bonne heure la présidence de l'*Académie littéraire*, dont faisaient partie les premiers élèves des classes supérieures, Académie qui mérita, à diverses reprises, les éloges des personnages les plus illustres de notre temps.

Suivant fidèlement sa vocation, Benoit-Marie, devenu jeune homme, entra au séminaire de Saint-Sulpice en 1847. Il y porta les belles qualités de sa nature : l'amour du travail et de la discipline, une piété solide, une inépuisable charité à l'égard de tous. Bientôt se révélèrent ses merveilleuses aptitudes pour le ministère pastoral, surtout dans les célèbres catéchismes dont il fut longtemps et avec éclat le Directeur aimé.

Le 21 Décembre 1850, il recevait, des mains de Monseigneur Sibour, Archevêque de Paris, l'ordination sacerdotale.

M. l'abbé Langénieux fut d'abord nommé Vicaire à Saint-Roch. Dans cette paroisse, il fonda le premier patronage de jeunes filles qu'il établit dans la maison des Sœurs de Charité. Ce fut son début dans la voie des œuvres où il ne cessera pas, désormais, de précéder, de diriger et d'encourager les hommes les plus dévoués de notre époque.

Ce fut là qu'après neuf années d'un fécond et fructueux ministère, Monseigneur Morlot — Champenois devenu successivement Archevêque de Tours et de Paris — vint le prendre pour l'associer aux fatigues de l'administration diocésaine, en lui confiant la charge de *Promoteur* diocésain.

M. Langénieux, pendant trois ans, remplit cette délicate mission en donnant chaque jour des preuves incontestables de son habileté à manier les hommes et les choses. — C'est de cette époque, croyons-nous, que date la popularité étonnante dont jouit encore aujourd'hui Monseigneur Langénieux dans le clergé de Paris, après quatorze ans d'absence ; tant il est vrai qu'il sut, dans des fonctions qui exigent des qualités de premier ordre, mériter l'estime, l'affection et la reconnaissance de tous ses confrères.

En 1863, lorsque Monseigneur Darboy succéda à Monseigneur Morlot, M. l'abbé Langénieux fut nommé Curé de Saint-Ambroise, paroisse qui comptait, à cette date, plus de 75,000 âmes, dont 25,000 indigents *inscrits,* auxquels on peut ajouter, sans exagération, un nombre à peu près égal de pauvres honteux ignorés de l'administration. — Sur 4,000 enfants appartenant à la classe ouvrière, 800 seulement pouvaient trouver place dans les tristes écoles que possédait le quartier.

Ces chiffres officiels suffisent pour montrer quelle paroisse était échue en partage à M. Langénieux.

Mais bientôt tout change de face. Dès les premiers jours, on s'aperçoit que ce poste de sacrifice ne pouvait être confié à une garde plus vigilante et que le nouveau curé possède les trois forces capables de soulever un monde : la foi, le zèle et la charité.

D'abord, M. Langénieux obtient, de la Ville de Paris, la construction de deux classes supplémentaires et d'un asile. Puis, voyant que ces demi moyens sont loin encore de répondre aux besoins de la population, il demande à la Municipalité d'acheter deux vastes terrains sur lesquels il se charge de bâtir lui-même des écoles suffisantes.

Son zèle inspire confiance ; la Ville de Paris se laisse séduire ; les terrains sont acquis. — Grâce au concours de ses amis personnels,

M. Langénieux réussit à former un capital de 800,000 francs, et les constructions commencent presque simultanément rue Saint-Maur et boulevard Richard-Lenoir. Au bout d'un an, 4,000 enfants, garçons et filles, entrent dans les classes spacieuses dirigées, les unes par des congréganistes, les autres par des laïques.

Nous voudrions pouvoir nous arrêter sur ce fait et relever, comme il mérite de l'être, cet acte de justice et d'équité, on dirait aujourd'hui de libéralisme, du Curé de Saint-Ambroise. Dans un temps comme le nôtre, où toutes les forces du Pouvoir s'unissent pour écraser, par la violence, la liberté de l'enseignement, il est bon de signaler à l'attention publique la conduite d'un prêtre qui, libre de disposer à son gré des écoles de sa paroisse, appelle spontanément, pour les diriger, des instituteurs et institutrices laïques et congréganistes, afin de laisser au choix des familles une pleine et entière liberté.

On l'a vu, la paroisse Saint-Ambroise était, en grande partie, composée d'ouvriers et de pauvres. Séparée de Paris par le canal qui, à cette époque n'était pas encore couvert, elle était peu connue des Parisiens et surtout peu visitée. M. Langénieux, préoccupé des besoins de son troupeau au double point de vue moral et matériel, songea à mettre ses amis de Paris en rapport avec ses enfants du quartier Popincourt.

Pour atteindre ce but, il fallait attirer les premiers à Saint-Ambroise et les intéresser aux familles indigentes. Une œuvre merveilleuse, celle des *Petits Enfants de Marie,* dans laquelle riches et pauvres trouvaient leur profit, réalisa cet idéal.

M. le Curé réunit d'abord, au presbytère, douze petits enfants riches amenés par leur mère des quartiers aristocratiques. Après leur avoir fait une instruction sur le catéchisme et sur la nécessité de l'aumône, il leur proposa d'adopter chacun un enfant pauvre de la paroisse, de venir le visiter chaque mois, le même jour, et de lui donner les récompenses qu'ils auraient gagnées par leur bonne conduite et leur application à l'étude. — De son côté, M. le Curé s'engageait à faire lui-même le catéchisme, pendant une demi-heure, aux jeunes protecteurs de ses pauvres.

La proposition, on le pense bien, fut acceptée avec enthousiasme par les enfants et par les parents. Aussitôt, douze enfants indigents portés sur les bras de leur mère furent présentés à la réunion, adoptés et secourus séance tenante. — Dès 1865, deux ans après sa fondation, l'œuvre comptait 260 protecteurs qui venaient régulièrement, au jour et à l'heure indiqués, apporter une offrande, des vêtements, des bons de nourriture, des jouets, etc., etc., à autant de protégés.

Œuvre merveilleuse, avons-nous dit, dont les bienfaits s'étendent encore aujourd'hui sur la paroisse Saint-Ambroise, qui place chaque enfant pauvre sous le patronage direct d'un enfant riche, et qui, mettant de bonne heure de jeunes âmes en contact avec la misère et la souffrance, leur apprend à les connaître et à les soulager.

Nous savons, de la part des membres de cette œuvre, des actes de dévouement qui touchent à l'héroïsme, et, de la part des familles ouvrières, des actes de reconnaissance admirables. C'est un jeune *protecteur* qui obtient de sa mère, après de longs mois d'efforts pour être *sage*, la permission de se priver de dessert deux fois la semaine, afin de pouvoir donner davantage à son *protégé*. C'est une *protectrice* qui partage, avec sa *sœur* de Saint-Ambroise, tout ce qu'elle reçoit de sa famille pour prix de son application au travail. — Afin d'éviter des indiscrétions qui arrêteraient bientôt l'élan des généreux donateurs, les familles secourues ne savent pas les noms de leurs bienfaiteurs. Il faut connaître cet article du réglement pour comprendre la lettre suivante qu'un ouvrier écrivait à M. Langénieux : « Monsieur le Curé, ma petite fille vient de » mourir ; elle faisait partie des *Petits Enfants* » *de Marie*. Plus heureuse que moi, elle sait » maintenant le nom de la bonne Dame qui » venait la visiter tous les jours avec son

» enfant. Je prie Dieu d'épargner à cette Dame
» la douleur qui nous accable en ce moment,
» ma femme et moi..... »

Cette lettre se passe de commentaires. Que de traits semblables nous pourrions citer !

Forcé de nous restreindre, nous nous bornons à donner une sèche nomenclature des autres œuvres établies par M. Langénieux à Saint-Ambroise. On lui doit : les œuvres dites du *Pain du Vendredi* et de la *Doctrine Chrétienne ;* la Maison de retraite des vieillards, les fourneaux, la crèche, l'organisation de la Maîtrise en vue des vocations sacerdotales, le patronage des jeunes ouvrières, la bibliothèque paroissiale.

Tout cela s'est accompli en moins de quatre ans, sans autres ressources que celles qui venaient des quartiers riches de la ville, des quêtes aux sermons de charité, du concours de nombreuses personnes qui, voyant l'infatigable dévouement du jeune Curé, ont compris, comme lui, la nécessité de faire briller, aux yeux de la classe ouvrière, l'ardente charité qu'inspire la Religion afin de la leur rendre aimable.

Au milieu de ces travaux apostoliques, M. Langénieux songeait à bâtir une nouvelle église. Déjà, croyons-nous, les travaux étaient presque terminés, lorsqu'il fut appelé, au mois de Janvier 1867, à la cure de Saint-Augustin, par Monseigneur Darboy, Archevêque de Paris.

La transition était brusque et difficile.

M. Langénieux voyait s'ouvrir devant lui un ministère bien différent de celui qu'il remplissait à Saint-Ambroise. — Le quartier de Saint-Augustin, en effet, devenait, peu à peu, le nouveau faubourg Saint-Germain de la nouvelle noblesse ; c'était déjà le monde élégant et riche, intelligent et distingué qui forme actuellement la paroisse.

A cette époque, cependant, la paroisse était à peine fondée. La magnifique église, aujourd'hui l'un des plus beaux monuments de la capitale, était en construction ; le clergé, encore peu nombreux, était disséminé sur divers points, sans aucun lieu de réunion.

Avons-nous besoin de le dire ? M. Langénieux jugea promptement la situation et sut en tirer, en peu de temps, un merveilleux parti. En moins d'une année, il avait mérité l'estime et l'attachement de ses nouveaux paroissiens, comme il avait conquis, précédemment, les humbles et les pauvres.

D'abord, il hâta l'inauguration de la nouvelle église, fit bâtir un vaste presbytère pour loger les vingt prêtres qu'il appela pour l'aider dans son ministère. En 1869, il ouvrait la *Maison des Œuvres* où se trouvent réunis : crèche, asile des vieillards, fourneaux économiques, pharmacie, bibliothèque, vestiaire, patronage.

En même temps sa parole attirait les fidèles au pied des autels. On se souviendra longtemps, à Paris, des nombreux auditoires d'hommes surtout, qui se groupaient autour de sa chaire pour entendre ses chaudes allocutions.

En 1870, l'Empereur, qui avait entendu parler des œuvres de M. Langénieux et de ses succès oratoires, voulut l'entendre. M. le Curé de

Saint-Augustin fut désigné par son Archevêque pour prêcher le Carême aux Tuileries. Nous trouvons, dans un journal qui rendait compte de la station, le portrait suivant de l'orateur :

« A l'Evangile de la messe, M. Langénieux est monté en chaire. Il porte le costume de chanoine de Paris. Il est de taille moyenne ; sa physionomie est sérieuse, fine et distinguée ; ses yeux noirs sont pleins de vivacité. On sent, en le voyant, que c'est un prêtre austère, un homme de pensée et d'action tout à la fois. On voit qu'il sait prendre la mesure des hommes et des affaires, qu'il sait aussi manier les uns et les autres. Sa voix a un timbre particulier qui ne déplaît point. Sa parole est nette, limpide, distinguée et sans prétention. Rien n'est laissé au hasard de l'improvisation. Rien de négligé dans la phrase : tout est correct et de bon goût. Son geste est simple, aisé : on voit que la chaire lui est familière ; mais nulle exagération dans cette assurance de l'orateur. M. Langénieux aura, à la Cour, un véritable succès. Il plaira par sa parole et fera beaucoup de bien par l'autorité et la sainteté de sa vie. »

Nous aimons à croire que ces espérances se sont réalisées et que les enseignements donnés par ce vrai prêtre ont « fait du bien » à tous ceux qui l'écoutaient, sans se douter, hélas ! que la parole de Dieu retentissait pour la dernière fois dans la chapelle du Palais impérial. Puissent-ils avoir profité des suprêmes avertissements qui leur ont été donnés et s'être préparés ainsi des grâces de force et de courage pour porter le poids des malheurs qui les attendaient !

Les mauvais jours, en effet, ne tardèrent pas à venir. Nous n'avons à raconter ici ni la guerre de 1870-1871, ni les souffrances de Paris pendant les deux sièges. Contentons-nous de signaler à la reconnaissance publique ce que fit le Curé de Saint-Augustin pendant ces douloureux événements pour atténuer, dans le rayon de son activité, les conséquences de nos malheurs et inspirer confiance aux courages abattus.

Nous pouvons dire qu'aucune des misères morales et matérielles qui entouraient M. Langénieux pendant le siège et les troubles de la Commune ne fut privée de ses secours et de ses affectueuses consolations. Tandis que, conformément à une circulaire de Monseigneur l'Archevêque, il organisait la *Quête pour les blessés de l'Armée,* il transformait en ambulances son presbytère, la Maison des Frères et celle des Sœurs, dans lesquelles on vit jusqu'à 300 blessés. Il convertissait la *Maison des Œuvres* en un vaste ouvroir pour 150 femmes de la banlieue réfugiées à Paris ; et les plus grandes dames du quartier, animées par sa parole, se constituaient les maitresses de couture de ces ouvrières improvisées. Il louait un bateau sur la Seine pour en faire un atelier de blanchissage où travaillaient d'autres réfugiées de la campagne. Grâce à ses démarches, le marché Laborde était transformé en fabrique de cartouches, ce qui faisait dire à un journal : « M. Langénieux avait à sa charge des centaines d'ouvrières sans ouvrage. Il n'a eu cesse ni repos qu'il ne leur en eût trouvé, et les voilà, de par leur Curé, ouvrières cartouchières de la République ! »

Il ne faudrait pas croire cependant que ces œuvres extérieures aient absorbé complètement

2

le zèle et l'ardeur de celui qui comprenait si bien toute l'étendue de ses devoirs. M. Langénieux n'ignorait pas qu'avant tout il avait charge d'âmes. S'il donnait aux corps un asile, du travail, la sécurité au milieu des périls, il se prodiguait pour les âmes. Chaque jour, les paroissiens de Saint-Augustin étaient convoqués à l'église ; presque chaque jour, M. le Curé prenait la parole. On devine le thème de ses allocutions dans de pareils moments ! Il savait échauffer et entretenir le zèle de ses auditeurs en leur disant tout ce qu'opérait leur charité ; il savait particulièrement leur apprendre à surnaturaliser leurs intentions en leur représentant les graves devoirs que Dieu leur imposait pendant ces mauvais jours de la Patrie.

Il était impossible que M. Langénieux traversât les horreurs de la Commune sans attirer l'attention et les haines des pourvoyeurs d'otages. Un soir, il était au confessionnal lorsqu'il fut averti qu'un *fédéré* le demandait avec instance. Il sortit et se trouva bientôt en face d'un homme à l'air embarrassé qui lui dit à demi-voix : « M. le Curé, je suis de la paroisse Saint-Ambroise. Je sais que, cette nuit, on doit vous arrêter avec d'autres prêtres. Je vous en prie, acceptez ce passe-port et quittez Paris tout de suite ! » Et comme il comprenait que M. Langénieux était disposé à n'en rien faire : « Je vous en prie, M. le Curé, croyez-moi ! Ma petite fille faisait partie des *Enfants de Marie* de Saint-Ambroise ; c'est vous qui m'avez aidé à l'élever ; c'est pour cela que je veux vous sauver. Tenez, prenez cela ! » Et, donnant un passe-port parfaitement en règle à M. Langénieux, il disparut rapidement.

La prudence faisait un devoir de tenir compte de cet avertissement. La nuit venue, sur les instances de ses amis, M. le Curé se retira chez l'un d'eux. Quelques heures plus tard, le presbytère de Saint-Augustin était envahi par une bande de *Communards* qui, cependant, n'exercèrent aucune violence, malgré leur dépit de ne point trouver celui qu'ils cherchaient. Au même moment, M. Deguerry, Curé de la Madeleine, était arrêté, conduit en prison, et, peu de temps après, lâchement assassiné avec son Archevêque et d'autres victimes.

Pendant plus d'un mois, M. Langénieux dût se soustraire ainsi aux recherches dont il était l'objet. Il ne put rentrer dans son église que le jour où les révoltés, enfin vaincus, quittèrent le quartier en entassant les ruines derrière eux.

A peine eût-il pourvu aux premières nécessités de sa paroisse, que M. le Curé songea aussitôt à ce peuple, aussi malheureux que coupable, auquel il n'avait échappé que par une sorte de miracle. Ce peuple avait mis Paris à deux doigts de sa perte, mais ses crimes mêmes avaient révélé les immenses misères cachées dans son sein. M. Langénieux oubliant les crimes des vaincus ne voulut plus voir que leurs souffrances pour les soulager. A cet effet, il fonda l'œuvre admirable et toujours vivante de la *Visite des malades pauvres dans les faubourgs.*

Tant de travaux si utiles et accomplis en si peu de temps signalaient naturellement M. Langénieux à l'attention de l'autorité ecclésiastique. Son nom était sur toutes les lèvres, son éloge dans toutes les bouches. Aussi lorsque Monseigneur Guibert vint s'asseoir sur le siège ensanglanté de Monseigneur Darboy, il n'hésita pas un instant à appeler le Curé de Saint-Augustin dans les conseils de l'Archevêché avec le titre d'Archidiacre, Vicaire général de Notre-Dame.

Au lendemain des lugubres événements qui laissaient tant de ruines à relever, le choix d'un auxiliaire ne pouvait être meilleur, et le Clergé tout entier en sut gré au nouvel Archevêque.

Dans ses nouvelles fonctions, M. Langénieux se distingua par les qualités qu'on avait admirées, précédemment, dans le jeune Promoteur diocésain, dans le Curé de Saint-Ambroise et de Saint-Augustin.

Son nom se retrouve à l'origine de toutes les grandes œuvres parisiennes qui datent de cette période féconde. C'est lui, en effet, qui encouragea la fondation de la *Société des Femmes françaises*, ayant pour but de recueillir, dans les départements, des souscriptions pour aider au rachat du sol de la Patrie et délivrer nos soldats prisonniers. C'est lui qui, du haut de la chaire de Notre-Dame, a recommandé cette œuvre religieuse et patriotique au pays tout entier. C'est lui qui, avec M. le comte A. de Mun, inaugura le premier cercle catholique à Montmartre. C'est lui qui fut chargé de rendre hommage aux victimes que la Commune avait faites dans le clergé de Paris, en prononçant le panégyrique de M. Deguerry. A cette occasion, le *Moniteur universel* disait :

« M. l'abbé Langénieux est un orateur. Il sait imager et dramatiser sa pensée. L'élévation de la pensée, la chaleur du sentiment et la distinction du style s'allient en lui avec une science doctrinale profonde et l'intelligence des besoins de la Société moderne.

» L'on ne dit bien que ce que l'on sent. Si M. l'abbé Langénieux a parlé du zèle apostolique de M. l'abbé Deguerry et de sa tendre compassance pour les pauvres avec l'éloquence du cœur, c'est que lui aussi, alors qu'il était Curé de Saint-Augustin, a été un bon pasteur, un pasteur plein de dévouement et de charité. Ses paroissiens le chérissaient ; rester au milieu d'eux était tout son désir. »

Il conviendrait d'ajouter, à ces actions personnelles du Vicaire général de Notre-Dame, les actes administratifs auxquels il prit une part prépondérante. Les limites d'une simple biographie ne nous le permettent pas. Ce que nous avons dit suffit amplement, du reste, pour faire connaître le caractère, l'activité, l'ardente charité du Prêtre qui devait bientôt devenir l'un des plus illustres Princes de l'Eglise.

Il y avait deux ans seulement que M. Langénieux était Vicaire général de Paris lorsqu'il fut appelé, le 19 Juin 1873, à l'Evêché de Tarbes.

« Prêtre depuis vingt-trois ans quand il parvint à l'épiscopat, le futur Cardinal avait vu passer sur le siège archiépiscopal de Paris — durant ce laps de temps relativement court — quatre grands prélats, dont deux devaient mourir de mort violente, martyrs de leur devoir et de leur foi. Tous quatre le prirent en affection et en considération particulières, tous quatre lui confièrent des postes importants ou lui conférèrent des titres élevés. Cela démontre clairement, nous semble-t-il, à quel point s'affirmaient et s'imposaient les vertus évangéliques et les qualités privées de M. Langénieux.

» Nous ne saurions mieux faire, pour dire combien il était aimé et considéré à Paris, que de reproduire les passages suivants d'un article publié par un journal parisien lors du départ de l'ancien Curé de Saint-Ambroise et Saint-Augustin pour Tarbes :

« Parler de Monseigneur Langénieux, c'est évoquer, pour bien des Parisiens, le souvenir d'un ami. Il est de ces hommes, en effet, qu'on n'oublie pas aisément, parce que partout ils laissent après eux des traces profondes de leur passage. Et comment pourrait-il en être autrement pour l'ancien Curé de Saint-Augustin ?

» Il nous semble encore le voir avec cet entrain irrésistible qui, dans la capitale, opérait des prodiges. Infatigable pour le bien, à l'affût, pour ainsi dire, des bonnes œuvres, M. Langénieux paraît fait pour se multiplier et répondre d'inspiration aux besoins du moment. Dès qu'une misère surgit, on est sûr qu'il sera là pour y porter remède. Il a mis la main à tout, et son patronage est pour une fondation un véritable certificat de vitalité. Si nous étions au Moyen-Age, nous dirions qu'il est né sous une heureuse étoile.

» Il est petit, mais, à la souplesse de ses mouvements, on devine une nature toujours en haleine et avide d'activité. Ses cheveux, d'un noir de jais, encadrent fort heureusement une physionomie pétillante d'expression. Son œil noir va sonder jusque dans les replis du cœur. Sa tenue est toujours irréprochable, ses manières affables, distinguées, sur ses lèvres court perpétuellement le sourire de la franchise, de la bienveillance et de la générosité : ce qu'il ne peut accorder, il sait le refuser avec une grâce infinie.

» Orateur distingué, sa puissance consiste principalement dans le charme de sa parole. Il laisse parler son cœur, parce qu'il sait y rencontrer de nobles et patriotiques accents : quelques phrases lui suffisent pour s'emparer d'un auditoire. Il est incomparable pour la promptitude avec laquelle il conçoit un projet ; il est non moins habile dans le choix des bras propres à l'exécuter. Son administration fera longtemps époque dans le clergé de Paris : il avait le talent de mener tout à bien sans froisser personne. Ajoutez à son esprit de conciliation une grande force de volonté.

» L'évêque de Tarbes est comme un point de contact entre toutes les classes de la société. Les pauvres viennent solliciter sa protection, et ils ne sont pas les plus mal reçus. Les riches aiment à se ménager un ami dans la personne de ce prélat qui, sans négliger son ministère, sait si bien tenir sa place au milieu d'eux. Aussi que d'illustrations à Paris s'honoraient de l'intimité de l'abbé Langénieux !

» Nous pouvons dire sans exagération que jamais curé de Paris ne fut plus aimé de son clergé. Il voyait dans ses vicaires, non seulement des collaborateurs, mais surtout des amis, et il les traitait en conséquence. Ajoutons aussi qu'il avait des hommes capables de le comprendre. Une petite indiscrétion à ce sujet. Un vicaire de Saint-Augustin avait, depuis longtemps, projeté un pélerinage à La Salette ; la veille de son départ, il va faire visite à M. Langénieux ; le lendemain, au moment de se mettre en route, le pélerin reçoit, avec une enveloppe, la carte de son curé qui lui avait écrit : « L'abbé Langénieux prie son cher vicaire X... d'offrir à son intention le Saint Sacrifice au sanctuaire de La Salette.

» Comme honoraire de la messe demandée, l'enveloppe renfermait un billet de 500 fr. » (1)

Préconisé dans le Consistoire du 25 Juillet, le nouvel Evêque de Tarbes fut sacré le 28 Octobre à Notre-Dame de Paris, dont il portait le titre en qualité d'Archidiacre, et installé le 8 Novembre suivant. Il avait pris pour armes la Croix de Jérusalem, en souvenir de son pèlerinage en Terre-Sainte accompli en 1853. « Notre devise, dit-il lui-même dans sa première Lettre pastorale, nous l'avons demandée à saint Paul. O grand Apôtre, vous avez pu dire sans témérité : « Jésus-Christ vit en moi. » Pour nous, ce n'est qu'un vœu..... *Vivat in me Christus,* Vive en nous Jésus-Christ !.. ».

L'épiscopat de Monseigneur Langénieux à Tarbes fut de courte durée, mais fécond en œuvres durables. En moins de deux ans, il parcourut tout son diocèse, voulant réaliser le vœu qu'il avait exprimé dès son arrivée : « Je connais

(1) *Courrier de la Champagne.*

mes brebis et mes brebis me connaissent. » Un journal du pays rappelait dernièrement que, pendant son séjour, qui ne fut en réalité qu'un passage dans le diocèse, il avait conçu, préparé et commencé des merveilles.

Il racheta, pour l'Evêché, l'antique abbaye de Saint-Savin ; fonda, à Lourdes, un asile pour les vieillards et un orphelinat pour les jeunes filles. Mais il s'attacha principalement à la prospérité du pèlerinage.

« La Chapelle de Notre-Dame de Lourdes lui doit d'être érigée en Basilique ; c'est grâce à lui que le portrait en mosaïque du Pontife de l'Immaculée Conception décore la façade du portail monumental. Si le pieux visiteur demande qui a rendu l'accès de la grotte large et facile aux pèlerins du monde entier ; qui a rejeté le Gave à 50 mètres de son cours naturel ; qui a conçu le projet du grand et bel abri ; qui a voulu que les mystères du saint Rosaire eussent un monument digne de la Mère de Dieu, le même nom revient sur les lèvres.

» Tout ce qui a été fait à Lourdes depuis douze ans peut se résumer en un seul mot : On a réalisé les plans de Monseigneur Langénieux, dans le but de rendre le sanctuaire entièrement digne de l'Immaculée Conception » (1).

Maintenant, si l'on veut savoir comment l'Evêque de Tarbes aimait son troupeau et son diocèse, on n'a qu'à relire sa *Lettre pastorale au Clergé du diocèse à l'occasion de sa nomination à l'Archevêché de Reims* : « Reçu par tous avec une joie confiante, semblable à celle que nous éprouvions nous-même en venant au milieu de vous, disait-il, nous avons été sans effort, et dès le premier jour, pour tous, un père et un ami, comme si le temps eût déjà cimenté notre union. C'est que, dans ce petit diocèse qui nous était échu en un bel héritage, tout répondait aux aspirations de notre âme. Sous votre beau ciel, nous portions sans fatigue le poids des sollici-

(1) *Journal* et *Annales de Lourdes*. — *Semaine catholique de Tarbes*.

tudes et des labeurs apostoliques. La vue de cette admirable nature, où Dieu apparait si aimable et si grand, nous causait un enthousiasme dont nos bons montagnards garderont le souvenir, eux qui ont tant de fois fait redire aux échos ce cri qui nous allait au cœur : Vive l'Evêque qui aime nos montagnes !

« Oui, nous les aimions chaque jour davantage à mesure que nous connaissions mieux, en les parcourant de village en village, les trésors de foi et de piété cachés dans leurs replis profonds. Jusque dans des retraites ignorées du monde, nous avons vu avec admiration fleurir les plus hautes vertus et se conserver intactes, sous la garde de pasteurs vigilants, les traditions chrétiennes qui sont l'honneur des foyers, la force de la Patrie, l'espérance de l'Eglise » (1).

C'est en ces termes que Monseigneur Langénieux parlait du diocèse qu'il allait quitter.

(1) Lettre pastorale de Monseigneur l'Evêque de Tarbes du 8 Décembre 1874.

Écoutons-le confier à ses prêtres comment il apprit sa translation à l'Archevêché de Reims et dans quels sentiments il obéissait aux désirs du Souverain Pontife :

« Vendredi soir, 13 Novembre, une lettre ministérielle nous annonçait, sans aucun avis préalable, que nous étions nommé à l'Archevêché de Reims par un décret en date du 12, que nous apportait le *Journal officiel*.

» Nous aurions cru volontiers à une méprise, tant nous étions loin de penser que le Gouvernement, après notre résolution bien connue de rester dans notre diocèse, songeât à nous en détacher au moment où, connaissant les hommes et les choses, nous pouvions rendre de plus utiles services. Mais nos incertitudes furent bientôt dissipées par cette réponse venue du Vatican « C'est le bon Dieu qui, à votre insu,
» vous a appelé à Reims ; le Saint-Père vous
» bénit, allez où vous veut l'obéissance. »

« Voilà pourquoi nous avons le courage de vous quitter, vénérables Prêtres et Frères bien-aimés. Ce que chacun de vous se fut empressé de faire, si nous lui avions tenu ce langage, nous le faisons à la voix du Vicaire de Jésus-Christ, auguste victime dont les vertus et les malheurs imposent à tous une obéissance plus généreuse et plus délicate que jamais. Pasteur à l'égard de ses prêtres, l'Évêque doit être à son tour, sous la houlette du Pontife suprême, une humble brebis, un fils tendrement soumis. » (1)

Quelques jours après avoir écrit ces touchants adieux, Monseigneur Langénieux était institué Archevêque de Reims (Consistoire du 21 Décembre 1874).

Le mouvement naturel de son affection pour sa nouvelle église l'aurait porté vers sa Famille diocésaine, dit-il dans sa première Lettre pastorale ; mais une force supérieure l'entraîna du côté de Rome. C'est de la Ville Eternelle qu'il adressa au clergé et aux fidèles du diocèse de Reims ses premiers enseignements.

(1) Lettre pastorale, etc.

En premier lieu, c'est une profession de foi aux prérogatives du Pape :

« Prosterné aux pieds du Saint-Père, nous vous donnons le témoignage qui déclare le mieux, en ce temps, la totale adhésion aux vérités catholiques : celui de notre croyance pleine et généreuse dans la prérogative du Docteur infaillible, de notre soumission affectueuse et prévenante à l'autorité suprême du Monarque de l'Eglise catholique, apostolique et romaine. »

Puis, faisant allusion à Monseigneur Landriot, son prédécesseur :

« Le dernier son de la bouche auguste qui vous enseignait, il y a quelques jours à peine, et que vous vous plaindrez longtemps de n'entendre plus, a été le chant du *Credo* de ces sublimes privilèges du Pape........ Nous venons reprendre l'hymne de la foi à la note où la mort l'arrêta..., et vous faire savoir que, pour les Evêques, il n'y a qu'une foi ; dans cette unique foi, un seul Vicaire de Jésus-Christ, pour tous également infaillible, également Roi, parce qu'il n'y a pour tous qu'un seul et même Jésus-Christ. »

Monseigneur Langénieux annonçait ensuite, en ces termes, sa prise de possession du siége de Reims :

« Tandis que Rome, cette Mère unique et féconde de l'apostolat, prépare notre mission en nous pénétrant de son âme, nous prenons officiellement possession de notre siège métropolitain, par l'autorité du Souverain Pontife et selon les saints Canons, aujourd'hui 2 Février, fête de la Purification de Marie et de la Présentation de Notre Seigneur Jésus-Christ.

» L'intention qui a dicté le choix de cette date vous apparaît déjà, nos très chers Frères.

» Notre cœur avait besoin de trouver, au seuil de notre métropole, la très sainte Vierge Marie, cette bonne et puissante Mère, qui s'est rencontrée dans toutes nos voies pour les bénir.

» O Notre-Dame de Reims, Vierge de saint Remi et de Jeanne d'Arc, Reine de ce peuple qui sera notre peuple, tendez-nous votre royale main ! C'est par vous que nous voulons être introduit dans son foyer, pour que, reconnaissant en son Evêque le fils de celle qu'il appelle sa Mère, le ministre de sa Souveraine bien-aimée, il nous fasse une filiale bienvenue, et que notre entrée annonce à la Famille une ère de charité et de paix divine (1) ».

(1) Lettre pastorale de Monseigneur l'Archevêque de Reims en date du 2 Février 1875.

Monseigneur Langénieux terminait en annonçant son arrivée pour le 22 Février, fête de la Chaire de saint Pierre à Antioche.

Ce jour-là vit le premier triomphe de l'Archevêque de Reims dans sa ville métropolitaine. Le récit que nous en avons sous les yeux fait le plus grand honneur à la foi de l'antique cité et à son dévouement traditionnel à ses premiers pasteurs (1). Les limites de cette *Notice* ne nous permettent pas de le reproduire. Nous le regrettons. Nous aurions aimé à mettre en face l'un de l'autre le spectacle de la réception que les Rémois ont fait à leur Archevêque à son arrivée, et celui de l'entrée solennelle du Cardinal au mois de Juin dernier. On aurait vu, par ce rapprochement, qu'à douze ans de distance les sentiments du peuple n'ont point changé et que Monseigneur Langénieux a su conserver, pendant son épiscopat déjà long, l'affection respectueuse que tous lui avaient vouée dès le premier jour.

(1) *Bulletin du Diocèse de Reims*, 1875, pages 97 et suivantes.

Et maintenant, notre tâche d'historien devient facile. Nous n'avons qu'à regarder autour de nous pour voir l'éclat et la fécondité de l'administration de Monseigneur Langénieux sur le siège de saint Remi. Mais à cause de cet éclat lui-même, nous serons bref, estimant que les faits parlent assez aux yeux et à l'intelligence pour n'avoir point besoin d'être interprêtés.

Voici en quels termes un journal de Reims, justement estimé, le *Courrier de la Champagne,* résume le Pontificat de Monseigneur Langénieux :

« Ce qu'il était à Paris, Monseigneur Langénieux l'a été à Reims ; ici comme là-bas, son aménité gracieuse, sa bonté paternelle, son dévouement à tous, son esprit juste et conciliant lui ont valu une grande et juste popularité. On retrouve en lui — formant un heureux et rare assemblage — les qualités dominantes de ses éminents prédécesseurs sur le siège de Reims : la bonhomie du cardinal Gousset, la finesse de Monseigneur Landriot — et aussi le haut mérite et l'insigne vertu des deux.

» S'il nous fallait porter un jugement d'ensemble sur la vie déjà longue — et si fructueuse en œuvres utiles et durables — de Monseigneur Langénieux, il nous suffirait de dire que, dans les différents ministères auxquels il a été successivement appelé, il s'est montré véritablement prêtre, curé, évêque : tout cela et rien que cela — selon une expresssion qui n'est pas de nous.

» Diverses fois, nous le savons, le nom de Monseigneur Langénieux a été mêlé à des évènements politiques retentissants. On est revenu aujourd'hui de l'erreur. Nous le disions tout à l'heure, et nous le redisons pour affirmer la vérité : Monseigneur Langénieux a été à Reims ce qu'il fut à Paris : un homme de zèle et de dévouement, prêt à toutes les œuvres de bienfaisance, de préservation, de réparation, que les temps troublés où nous sommes réclament de son autorité et de sa vigilance. C'était son droit, c'était son devoir.

» En dix années de séjour parmi nous, Monseigneur Langénieux a restauré l'abbaye d'Igny (1), institué l'Adoration perpétuelle dans le diocèse, donné une nouvelle édition du Catéchisme diocésain, rétabli les Synodes qui ne s'étaient pas tenus depuis la mort du Cardinal Gousset, institué l'Archiconfrérie de Notre-

(1) Fondée en 1126 par saint Bernard, cette abbaye resta, jusqu'en 1790, une des plus célèbres de Cîteaux. Elle est située au territoire d'Arcis-le-Ponsard, près Fismes (Marne).

Dame de l'Usine, doté la ville de deux nouvelles paroisses, fait reconnaître par Rome le culte du Pape des Croisades, élevé une statue monumentale à ce même Pontife, provoqué la restauration de la Cathédrale, pris une part décisive à tout ce qui s'est fait de grand et d'utile dans la Cité, groupé autour de lui des dévouements capables de défendre et de faire vivre l'enseignement chrétien.

» Et en même temps, apôtre infatigable, l'Archevêque de Reims administrait son vaste diocèse et le parcourait chaque année en grande partie.

» Est-il permis, de bonne foi, d'imaginer qu'avec une pareille tâche, qu'avec de semblables efforts et de tels résultats, Monseigneur Langénieux ait jamais eu le loisir d'user son temps et ses forces dans les intrigues et combinaisons louches et hasardées de la politique contemporaine !

» Il avait mieux à faire, et il a mieux fait.

» Lui-même, à la veille de la réélection des fameux 363, a prononcé une parole dont la presse s'est alors occupée. Nous l'avions recueillie. L'occasion est bonne de la rappeler.

» Elle vaut, à elle seule, tout un programme :

« Messieurs, disait l'Archevêque à ses prêtres,
» je ne suis pas de ceux qui vous conseilleront
» d'abdiquer vos convictions personnelles, et de

» renoncer, parce que vous êtes prêtres, à vos
» droits de citoyen. Mais souvenez-vous, à
» l'heure actuelle surtout, que nous représentons
» des intérêts supérieurs à ceux qui sont en jeu
» aujourd'hui, et qu'il ne nous appartient pas
» de les compromettre. L'Église n'est pas un
» parti. C'est un malheur qu'on veuille la traiter
» comme telle ; c'est une injustice. Mais, de
» notre côté, évitons, par la prudence dans nos
» paroles et dans nos démarches, de donner
» prétexte aux accusations perfides lancées si
» souvent contre le Clergé à propos de poli-
» tique. Agissons donc de telle sorte qu'après
» la lutte, vainqueurs et vaincus puissent, avec
» la même confiance, recourir à notre minis-
» tère. »

» Cette direction a été suivie. Le clergé du diocèse de Reims, au milieu des luttes passionnées de ces dernières années, a gardé, nous sommes heureux de le dire, une attitude de dignité et de réserve à laquelle on n'a peut-être pas suffisamment rendu hommage. Nous ne nous souvenons pas que des plaintes sérieuses se soient produites contre quelqu'un de ses membres. Cela ne veut pas dire, nos lecteurs le savent, que le clergé ait poussé la condescendance jusqu'à mériter les éloges de la presse républicaine. Tous les jours, au contraire, il est en butte à de mesquines tracasseries. Mais rien n'a pu, jusqu'ici, ni ralentir son zèle ni provoquer sa colère : il sait bien qu'il durera plus que ses ennemis d'aujourd'hui. Il attend.

» Nous eussions pu nous étendre davantage sur l'œuvre de Monseigneur Langénieux, mais nous nous sommes souvenus d'un jugement de La Bruyère, qui est ici tout de circonstance. « Amas d'épithètes, mauvaises louanges », a dit excellemment le moraliste ; « ce sont les faits qui louent et non la manière de les raconter ». Or, ici, les faits parlent plus éloquemment que nous ne le saurions faire. »

Ceux qui voudront avoir une idée complète et juste du ministère de l'Archevêque de Reims, devront relire la collection considérable de ses Lettres pastorales et Mandements depuis 1875 jusqu'aujourd'hui. Nous venons de parcourir ces nombreux documents, rassemblés par ordre de date, et nous demeurons étonné de l'activité prodigieuse dont ils témoignent, de la multiplicité des sujets traités, de la science qu'ils révèlent, du mérite littéraire de la plupart d'entre eux.

En dehors des actes administratifs et des lettres de circonstance, il y a là d'admirables enseignements sur l'Eucharistie, un cours complet d'éducation religieuse, tout un traité de l'Eglise, de précieux commentaires des Encycliques pontificales, de chaleureux appels à la charité, des protestations éloquentes contre les mesures oppressives et les lois violentes de ces derniers temps.

Monseigneur Langénieux ne s'est pas contenté de protester contre l'enseignement athée de l'école officielle, il a voulu porter un remède efficace à ce mal suprême dont notre société mourra si le dévouement catholique ne l'arrête bientôt. Non seulement il a créé des Ecoles libres dans sa ville épiscopale et dans les principaux centres du diocèse, mais encore il a rédigé une petite *Histoire de la Religion*, comprenant l'histoire sainte et l'histoire de l'Eglise, dont le succès dans toute la France atteste l'opportunité et le mérite. Elle est dédiée « *aux Enfants chrétiens* », auxquels l'Archevêque de Reims, l'ancien catéchiste de Saint-Sulpice et de Saint-Roch, s'adresse en ces termes :

« Chers Enfants, ce petit livre a été fait pour vous, c'est à vous que nous voulons l'offrir et le dédier.

» Des hommes, ennemis de Dieu, ont déclaré à vos âmes une guerre cruelle !... Ils se sont dit : les enfants passent à peu près tout leur temps à l'école ; c'est là qu'ils apprennent tout ce qu'ils doivent savoir. Eh bien, à l'école, on ne leur parlera plus ni de Dieu, ni de Jésus-Christ, ni de l'Eglise. Ils n'auront plus aucun livre qui les entretienne des vérités de la Religion : et, pour que rien ne les leur rappelle, nous ferons disparaître, des salles de classe, jusqu'à l'image du Crucifix où leurs regards émus lisaient si volontiers l'amour infini de Dieu !

» Et ce qu'ils ont dit, ils l'ont fait.

» Quand une ville est assiégée et qu'on veut la forcer de se rendre, on coupe les vivres aux habitants, lorsque ceux-ci n'ont plus de quoi se nourrir, la défense étant devenue impossible, ils sont bien obligés d'ouvrir les portes à l'ennemi, sous peine de mourir de faim.

» Ainsi, chers Enfants, a-t-on enlevé toute nourriture à vos âmes ; et si personne ne vient à votre secours, vous ne connaitrez ni Dieu qui vous a créés, ni Jésus-Christ qui vous a rachetés au prix de son sang, ni la sainte Eglise qui est chargée de vous enseigner le chemin du Ciel.

Car l'Apôtre saint Paul le dit : « Comment croiront-ils en Jésus-Christ s'ils n'en entendent point parler; et comment en entendront-ils parler si on ne le leur prêche pas ? »

» Ce petit livre, chers Enfants, vous parlera, du commencement à la fin, de ces vérités que vous devez connaître avant toutes choses, et de l'histoire qui surpasse en importance et en intérêt toutes les autres histoires. Vos intelligences et vos cœurs y puiseront cette nourriture divine que l'école officielle vous refuse aujourd'hui, et sans laquelle vous ne deviendriez jamais ni des chrétiens, ni des hommes complets.

» Parcourez ces pages écrites pour vous. Vous y trouverez, en un langage simple comme le vôtre, toute la Religion racontée depuis l'origine du monde jusqu'à nos jours : La création ; la chute ; la promesse d'un Rédempteur ; la corruption du genre humain ; le peuple choisi de Dieu pour conserver à travers les nations et les siècles l'espérance du Messie ; les prophètes qui prédisent Jésus-Christ ; — la vie de ce divin Sauveur ; la fondation de l'Eglise, ses luttes et ses triomphes, les Saints qu'elle a formés, son influence civilisatrice, ses missions lointaines, son ministère actuel.

» Quelles grandes et belles choses ! Et comme vous serez heureux de les apprendre ; heureux surtout de les connaître ! . . . .

» En le lisant, vous vous souviendrez qu'il contient la parole de Dieu et les explications qu'en ont données les hommes les plus savants et les plus autorisés. Car, l'auteur s'est borné à choisir dans la sainte *Bible* et dans les meilleurs historiens ce qui pouvait le mieux vous faire connaître Dieu et vous le faire aimer.

» Vos parents et vos maîtres le verront aisément ; ils vous diront en particulier que plusieurs réponses sont extraites textuellement de l'*Abrégé de l'Histoire sainte* de Bossuet, et que, dans la partie que ce grand Évêque n'a pas traitée, nous avons imité, de notre mieux, le plan qu'il a suivi pour l'*Ancien Testament*. . . . . . . »

Nous n'avons pas craint de faire de larges emprunts à cette préface où se révèlent l'amour de l'Archevêque de Reims pour les enfants et sa sollicitude toute particulière pour l'enseignement chrétien, l'œuvre, de nos jours, la plus importante sans contredit, et la plus grosse de conséquences pour l'avenir.

Nous avons parlé des protestations de Monseigneur Langénieux contre les actes antireligieux du gouvernement actuel. Nous ne pouvons nous dispenser de signaler la dernière en date, qui a précédé de quelques jours seulement son élévation au Cardinalat.

Le 30 Mars 1886, Monseigneur l'Archevêque de Paris avait adressé au Président de la République une longue lettre dans laquelle, après s'être plaint des accusations officielles lancées contre le Clergé, il répondait éloquemment aux mensonges dirigés moins contre les ministres de la Religion que contre la Religion elle-même.

Le 4 Avril suivant, Monseigneur Langénieux, alors en tournée pastorale, envoyait à l'éminent Cardinal Guibert, sa « complète et respectueuse adhésion. » Publiée dès le lendemain, cette lettre fut remarquée et diversement commentée par la presse, selon l'opinion de chaque journal. On relevait, en particulier, le passage dans lequel Monseigneur l'Archevêque protestait contre les paroles du Ministre des Cultes au Sénat. « Nous avons entendu à la tribune française, disait-il, un Ministre des Cultes attaquer les dogmes essentiels de notre foi et tenir, sur la piété filiale des fidèles à l'égard de la très sainte

Vierge, un langage que ne permettrait pas la plus vulgaire bienséance. »

Au moment même où l'opinion était le plus occupée de ces fermes et courageuses paroles, le bruit de la nomination des Cardinaux français commençait à se répandre. Malgré les affirmations précises de certains journaux, la plupart ne prononçaient qu'en hésitant le nom de Monseigneur Langénieux qui venait, selon leur langage de « se compromettre gravement » par son adhésion retentissante à la Lettre du Cardinal Guibert.

A cette occasion, le *Times* publia l'article suivant auquel les événements ont donné raison :

« Paris, le 14 Mai 1886.

» FRANCE ET VATICAN. — Il est maintenant décidé que le Pape nommera, au prochain Consistoire, trois Cardinaux français. Deux d'entre eux lui ont été déjà proposés, il y a deux ans, par le Gouvernement. Le troisième est Monseigneur Langénieux, Archevêque de Reims, que le Pape a nommé *proprio motu*, et proposé au Gouvernement. Le Pape a retardé deux ans la nomination des Cardinaux proposés par la France, en raison de la suppression, par les Chambres, d'une partie du traitement alloué aux Cardinaux. Mais la conciliation est la règle à présent, et, ayant résolu d'accepter la proposition de la France, à l'égard des deux Cardinaux choisis par elle, Monseigneur Place, Archevêque de Rennes, et Monseigneur Bernadou, Archevêque de Sens, le Pape en a seulement ajouté un troisième, Monseigneur Langénieux, pour la nomination duquel Léon XIII n'était pas sans inquiétude. Le Pape tient ce prélat en haute considération, et le Gouvernement français, quoique l'Archevêque de Reims ait provoqué son mécontentement, en adhérant le premier à la lettre de protestation de l'Archevêque de Paris, Monseigneur Guibert, a accepté le choix du Pape, sinon avec enthousiasme, au moins avec une suffisante bonne grâce pour satisfaire le Vatican. »

En effet, le 7 Juin suivant, le Pape, avec le consentement du Gouvernement, élevait Monseigneur Langénieux aux honneurs de la Pourpre romaine.

FÊTES DU CARDINALAT

4

FÊTES DU CARDINALAT

Le Lundi 7 Juin 1886, Notre Très Saint-Père le Pape Léon XIII tenait, dans le Palais apostolique du Vatican, un Consistoire secret, et prononçait une allocution dont nous extrayons les passages suivants :

« Vénérables Frères,

» Nous avons décidé de vous réunir aujourd'hui en ce Consistoire sacré non seulement pour doter de nouveaux Evêques les églises veuves de leurs pasteurs, mais aussi pour procéder à la création de Cardinaux que l'éclat et la dignité de votre Collège, ainsi que la situation actuelle, paraissent réclamer de Nous . . . . . .

» Tout d'abord, nous avons tourné Nos regards vers la France, où des évêques d'élite et attachés au Siége apostolique par un zèle d'une admirable ardeur et un dévouement constant, donnent un grand et très recommandable exemple d'unité avec le Chef de l'Eglise; et où les fidèles confiés à leurs soins ne cessent, à travers de nombreuses et graves difficultés, de témoigner, par des œuvres presque innombrables de charité et de piété, leur amour pour l'Eglise, leur fidélité inébranlable envers le Vicaire de Jésus-Christ et dépensent généreusement leurs forces et leurs ressources pour la cause catholique. C'est pourquoi, par la proclamation que Nous faisons aujourd'hui de nouveaux Cardinaux, Nous avons décidé de donner publiquement un gage particulier de Notre affection tant à l'épiscopat français qu'à tout le peuple de France; et Nous avons voulu ainsi resserrer plus étroitement encore les liens de respect et d'amour qui unissent cette généreuse nation à l'Eglise romaine et au Pontificat romain.

. . . .

» Voici donc ceux que Nous avons jugé devoir adjoindre, de diverses contrées du monde, à votre Collége. Ce sont :

» Victor-Félix Bernadou, archevêque de Sens et d'Auxerre;

» Alexandre Taschereau, archevêque de Québec;

» BENOIT-MARIE LANGÉNIEUX, archevêque de Reims ;

» Jacques GIBBONS, archevêque de Baltimore ;

» Charles-Philippe PLACE, archevêque de Rennes.

» Que recommandent tous hautement un zèle ardent pour les progrès de la religion catholique et le salut des âmes, une particulière soumission à ce Siège apostolique et la sagesse dans l'administration.

. . . .

» Que vous en semble ?

» C'est pourquoi, par l'autorité de Dieu Tout-Puissant, des saints apôtres Pierre et Paul et la la Nôtre, Nous créons et publions Cardinaux prêtres de la S. E. R. :

» Victor-Félix BERNADOU, Alexandre TASCHEREAU,

» BENOIT-MARIE LANGÉNIEUX,

» Jacques GIBBONS, Charles-Philippe PLACE,

» Et Cardinaux diacres :

» Auguste THEODOLI, Camille MAZELLA.

» Avec les dispenses, dérogations et clauses nécessaires et opportunes. Au nom du Père ✝ et du Fils ✝ et du Saint ✝ Esprit. Ainsi soit-il. »

Ce même jour, une dépêche annonçait à l'Eglise de Reims que ses espérances étaient enfin réalisées et que son Archevêque, par un choix tout personnel de Léon XIII, était élevé aux honneurs de la Pourpre.

Le Chapitre métropolitain se rendit aussitôt en habit de chœur au Palais, pour saluer l'élu du Saint-Père et lui présenter ses respectueuses félicitations.

Le doyen, M. l'abbé Juillet, s'exprima en ces termes :

« Eminence,

» L'Ange de l'Eglise de Reims a tressailli d'allégresse à la nouvelle, depuis longtemps attendue, que l'illustre et bien-aimé Pontife à qui Dieu, dans sa bonté, en a confié la garde, était élevé aux honneurs de la Pourpre romaine. C'est qu'en effet ce grand événement relie les gloires du présent aux gloires du passé. Notre vieille cathédrale ne saurait oublier qu'elle a vu dix-huit Cardinaux s'asseoir sur le siège de saint Remi, et il lui semble qu'elle ne brille de toute sa splendeur et ne possède sa beauté parfaite que le jour où elle voit ses majestueuses cérémonies présidées par un Prince de l'Eglise.

» Je ne saurais dire, Eminence, avec quelle

vive émotion, avec quels profonds sentiments de reconnaissance et de joie, la grande nouvelle a été accueillie et par le clergé, et par la cité rémoise, et par le diocèse tout entier. Mais, dans ce concert unanine d'acclamations, vos Fils du Chapitre métropolitain, qui ont l'honneur d'être, par la sainte hiérarchie, les aînés de la famille sacerdotale, tiennent à venir les premiers déposer aux pieds de Votre Eminence leurs plus respectueux hommages et à lui offrir leurs plus vives félicitations. Ah ! plus que tous les autres, ils savent combien l'honneur qui vous est fait est un honneur mérité ; ils savent combien vos vertus épiscopales, l'ardeur de votre zèle, la multitude de vos œuvres apostoliques, vous en ont rendu digne. Depuis onze ans, quelle sève de vie nouvelle n'a pas circulé sous votre inspiration dans toutes nos grandes œuvres catholiques ! et, en particulier, quels admirables et généreux dévouements n'avez-vous pas suscités pour créer, dans les principales villes du diocèse, cette œuvre si nécessaire des Ecoles chrétiennes libres, œuvre capitale du moment présent !

» Au jour de votre entrée solennelle à Reims, le peuple se plaisait à redire, dans des paroles toutes de sympathie, qu'il retrouvait dans vos traits quelque chose des traits aimés du cardinal Gousset ; c'était un présage, et vous l'avez amplement réalisé. Les pauvres et les ouvriers, dont vous vous êtes fait en toute circonstance le père et l'ami, en rendent témoignage ; Sainte-Geneviève, en face de Saint-Thomas, l'atteste ; les Fils de Saint-Bernard à Igny, à côté des Fils de Saint-Ignace et de Saint-Vincent-de-Paul, le redisent ; et s'il ne vous a pas été permis de célébrer de concile provincial, vous avez du moins, dans les synodes diocésains, dirigé et encouragé les efforts de vos prêtres dans l'exercice si difficile du ministère pastoral.

» On a dit avec raison, et nous le redisons avec amour, que saint Remi vit encore aujourd'hui parmi nous dans son successeur ; oui, il revit dans son zèle à faire régner Jésus-Christ partout dans les âmes ; il revit dans son ardeur à visiter, au milieu de fatigues sans nombre, les différentes parties de son vaste diocèse et à porter la grâce et les bénédictions de Dieu jusqu'aux plus humbles hameaux des campagnes ; il revit, non pas, il est vrai, pour baptiser la France chrétienne, mais pour rendre au Christ cette nouvelle France du travail et de l'industrie que l'impiété voudrait lui ravir, cette France de l'atelier et de l'usine que vous avez eu la joie, Eminence, de conduire à Rome, aux pieds de Léon XIII, dans le célèbre pèlerinage des industriels catholiques, pour leur faire entendre ces paroles solennelles qui sont devenues comme la charte sacrée où sont consignés les droits et les devoirs réciproques des patrons et des ouvriers chrétiens.

» Le clergé de Reims, Eminence, est profondément dévoué de cœur et d'âme au Souverain Pontife, Vicaire de Jésus-Christ sur la terre ; on peut dire qu'il a un vrai culte pour le Pape, culte de respect, de dévouement, d'amour filial que rien ne saurait altérer ni ébranler. Or, dans le grand évènement de ce jour, nous saluons en vous l'élu personnel de notre glorieux Pape Léon XIII.

» Vous aimez le Pape, Eminence, comme nous l'aimons nous-mêmes ; rien n'est plus doux pour votre cœur que de glorifier la Papauté, comme vous le faisiez naguère en restaurant avec un incomparable éclat le culte du grand Pape des Croisades, le Bienheureux Urbain II. C'est votre gloire et la nôtre, Eminence ; Léon XIII l'a bien compris, il a su discerner l'Evêque aux grandes vertus, dévoué avant tout et quand même, aux intérêts sacrés de l'Eglise ; respectueux sans doute et toujours des droits légitimes des pouvoirs civils, mais sachant aussi, quand le devoir est là, montrer une noble et ferme indépendance, et ne craignant jamais de protester contre la guerre faite à l'Eglise, de défendre ses prêtres contre les attaques injustes de leurs ennemis, et de flétrir des projets de loi qui n'ont d'autre but que d'enlever la foi chrétienne au cœur des jeunes gens et des enfants.

» Oui, Eminence, votre place était marquée parmi les Princes de l'Eglise dans ces temps troublés où il faut des hommes au grand caractère qui sachent avec calme, fermeté et résolution, montrer au peuple le chemin qu'il doit suivre et résister aux dangers qui peuvent menacer la foi et l'Eglise.

» Vous nous trouverez tous à votre suite, Eminence, heureux de marcher sur vos traces, heureux de vous aider, si Dieu le permet, dans les grandes œuvres de défense religieuse et de paix chrétienne qu'il vous donnera d'accomplir. »

Le lendemain, mardi, M. Butot, vicaire général, curé-doyen de Saint-Jacques, se faisait l'interprète du clergé de la ville, réuni dans les salons de l'Archevêché, en adressant les paroles suivantes au nouveau Prince de l'Eglise :

« Eminence,

» Le doux pressentiment qui reposait comme une filiale espérance au cœur des prêtres et des fidèles de votre beau diocèse est devenu la réalité. Reims salue, en votre personne vénérée, le dix-neuvième de ses Archevêques honorés de la Pourpre romaine. Grâce à Dieu, l'auteur de tout don parfait, à Sa Sainteté Léon XIII, le Pontife aux conceptions larges et profondes; grâce aux actes généreux de votre épiscopat de douze années à Tarbes et à Reims, consacrées à glorifier Jésus par Marie, la Rome des Gaules acquiert aujourd'hui par vous, Monseigneur, un nouveau trait de ressemblance avec la Ville Eternelle, le siége de saint Remi avec celui de saint Pierre.

» Ce matin, au saint Sacrifice, le cœur de six cents prêtres, vos fils dévoués, Eminence, a tressailli de joie en unissant votre nom béni à celui du Souverain Pontife... Le religieux priait pour son dévoué protecteur; l'éducateur de la jeunesse chrétienne, espoir de l'Eglise et de la Patrie, priait pour son soutien et son père nourricier; le missionnaire, pour son inspirateur au zèle ardent; le prêtre de paroisse, pour son vaillant chef dans la lutte contre l'esprit du mal; tous, pour leur modèle et leur père. Et ce n'était pas sans un saint et légitime orgueil que nous disions dans le secret de notre cœur : le Vicaire de Jésus-Christ a vu de loin notre lampe ardente et brillante, et sans autre motif que l'inspiration divine, il l'a placée sur le chandelier d'où elle rayonne d'un nouvel et plus vif éclat.

» C'est ainsi qu'au siècle dernier, en 1719, le pape Clément XI élevait de son propre mouvement aux honneurs de la Pourpre romaine l'un des prédécesseurs de Votre Éminence, François de Mailly, l'intrépide exterminateur de l'hérésie janséniste dans ce diocèse ; c'est ainsi qu'en 1850 l'immortel Pie IX choisissait, pour la même dignité cardinalice, Monseigneur Gousset, l'un des restaurateurs de la liturgie romaine en France, le lutteur infatigable contre l'hérésie gallicane. Aussi nous avons le bonheur de voir le glorieux Léon XIII honorer en votre personne sacrée le nouvel Urbain, prédicateur de la croisade contre le scepticisme, l'athéïsme pratique et l'impiété moderne. »

Après le Clergé, les Communautés de Reims, les Présidents et Présidentes des diverses œuvres furent présentés à Son Éminence, qui eut pour tous une parole d'affable remerciement.

M. le Président des Conférences de Saint-Vincent-de-Paul a exprimé le sentiment de tous ces hommes d'œuvres, généreux et dévoués, par les paroles suivantes :

« Monseigneur,

» Après tant de jours d'attente, les vœux du diocèse sont enfin exaucés ; et la Pourpre romaine, qui rappelle aux Rémois de si chers souvenirs, va de nouveau briller sur le siége de saint Remi.

» Depuis longtemps déjà, vous étiez désigné par l'opinion publique pour le rang éminent qui devait couronner votre brillante carrière. En même temps, certains bruits colportés par la presse nous montraient Léon XIII, malgré bien des obstacles, réservant *in petto* pour son bien-aimé fils l'Archevêque de Reims l'un des chapeaux vacants dans le Sacré-Collége.

» On croit toujours sans peine ce qu'on désire vivement; notre confiance était donc absolue, et l'événement lui a donné raison. L'opposition, si sérieuse qu'elle fût, a dû céder enfin devant la fermeté du Souverain Pontife.

» Quand le chef de l'Etat, suivant l'antique usage, vous remettra les insignes de votre dignité, il pourra bien vous dire comme Louis Napoléon au Cardinal Gousset : « C'est à vos seules vertus et au cœur du Saint-Père que vous devez, Monseigneur, d'être Prince de l'Eglise. »

» Nous sommes fiers, Monseigneur, de penser que la Pourpre dont notre protecteur doit être revêtu est d'une teinte si pure que l'envie la plus noire ne saurait y faire une tache. La Société de Saint-Vincent-de-Paul est également heureuse de ce nouvel honneur fait à la charité en la personne du prélat vénéré dont la sollicitude s'étend sur toutes les œuvres et qui, donnant l'élan à tout son diocèse, sut assurer aux pauvres le bienfait si précieux de l'instruction religieuse.

» C'est donc avec une pieuse et bien douce émotion que nous venons apporter aux pieds de Votre Eminence nos humbles et sincères félicitations. »

Tandis que les fidèles de Reims se faisaient un devoir et un bonheur de féliciter leur Archevêque, une Adresse au Souverain Pontife se couvrait des signatures de tous les prêtres du diocèse :

« Très Saint-Père, (1)

» La joie et le bonheur dont Votre Sainteté a comblé le clergé et tous les fidèles de l'archidiocèse de Reims, en élevant aux honneurs insignes de la Pourpre notre éminent et bien-aimé Archevêque, qui les pourrait exprimer ?

(1) Beatissime Pater,

Quam gratum quamque jucundum Clero universisque Rhemensis archidiœcesis Fidelibus Sanctitas Vestra fecerit, dum Excellentissimum ac Dilectissimum Archiepiscopum nostrum ad summos Purpuræ honores evexit, vix credibile dictu est.

Jampridem enim indefessum Præsulis ac Patris nostri zelum ad cultum Dei promovendum, ad parvulos christianis moribus imbuendos, ad commissum sibi gregem verbo et scriptis pascendum, nos læti, ut filios decet, mirabamur. Plurimum nos juvabat invicta illa animi fortitudo, quâ sacra Ecclesiæ jura, postposito sui res-

» Depuis longtemps nous admirions, heureux, comme le doivent de bons fils, le zèle infatigable de celui qui est notre Pontife et notre Père, pour promouvoir le culte de Dieu, donner aux enfants une éducation chrétienne, nourrir par la parole et par les écrits le troupeau qui lui a été confié. Ce nous était une grande satisfaction de voir cette force d'âme invincible avec laquelle il travaillait, oublieux de lui-même, à proclamer et à défendre les droits sacrés de l'Eglise. Nous étions touchés surtout de cette pieuse affection, de cette profonde tendresse qui le tenait uni et enchaîné au Pontife romain et à l'Eglise romaine, colonne et soutien de la vérité.

» Mais aujourd'hui quelle douce joie remplit nos cœurs, quel sentiment de bonheur nous anime ! Notre Eglise de Reims, illustrée par de si nombreux et de si grands Cardinaux, voilà

pectu, palam affirmare et tueri conabatur. Movebamur præsertim pio illo mentis affectu et tenera necessitudine quâ Romano Pontifici Romanæque Ecclesiæ, columnæ et firmamento veritatis, adhærebat et vinciebatur.

Hodie vero, quam dulci perfundimur lætitia, quam grato movemur animi sensu, quum Ecclesiam nostram Rhemensem, jam tot et tantis Cardinalibus illustratam, iterùm, ob eximia illa Dilectissimi Præsulis nostri merita et per præcipuam Sanctitatis Vestræ benevolentiam ac proprium motum, Purpurâ decorari et Romanæ Sedi, in tanta Galliarum procella, vinculis videmus strictioribus connecti !

Dum igitur Sanctitati Vestræ meritissimas pro tanto

que de nouveau, à cause des éclatants mérites de notre Pontife bien-aimé et par la singulière bienveillance de Votre Sainteté et de son propre mouvement, nous la voyons ornée de la pourpre et, au milieu de la violente tempête qui agite la France, attachée par des liens plus étroits au Siége de Rome.

» Aussi, tandis que dans l'effusion de nos âmes, nous rendons à Votre Sainteté les plus justes actions de grâces pour un si grand bienfait, qu'il nous soit permis à nous, prêtres de l'Église de Reims, couverts de cette noble pourpre de notre éminentissisme Pontife, de proclamer notre fidélité à notre sainte Mère l'Église, de la jurer, comme y invite l'éclatante couleur, jusqu'à l'effusion du sang.

» Humblement prosternés aux pieds de Votre Sainteté, nous prions le Dieu Tout-Puissant de conserver longtemps Votre Béatitude et nous implorons instamment la bénédiction apostolique. »

beneficio grates effusis animis rependimus, liceat nos, Rhemensis Ecclesiæ Sacerdotes, hac nobili Eminentissimi Pontificis nostri purpurâ contectos, Sanctæ Matri Ecclesiæ fidem, usque ad sanguinis effusionem, ut innuit color optimus, profiteri et jurare.

Interea ad pedes Sanctitalis Vestræ humillime provoluti, Omnipotentem Deum oramus ut Beatitudinem Vestram diu servet incolumem et Apostolicam Benedictionem enixe efflagitamus.

Son Eminence, comme Elle le dit dans une Lettre à son Clergé, n'apprit l'existence de cette Adresse que par la réponse suivante, que le Saint-Père lui fit adresser :

« Eminentissime et Révérendissime Seigneur,

» Le Saint-Père a reçu l'Adresse filiale par laquelle le Clergé de l'important archidiocèse de Reims le remercie de la promotion de Votre Eminence à la Pourpre sacrée. Sa Sainteté a lu avec une vive satisfaction et avec joie les sentiments qui y sont exprimés en un si beau langage et qui témoignent tout à la fois de la dévotion du Clergé envers le Saint-Siége et de la particulière affection qui l'anime à l'égard de son propre et immédiat Pasteur. En même temps, l'Auguste Pontife m'a chargé de vous exprimer la gratitude toute particulière avec laquelle Il a accueilli ce gracieux hommage d'un si grand nombre de Ministres du Seigneur, afin que Votre Eminence leur en fasse part et leur donne l'assurance que Sa Sainteté bénit chacun d'eux du fond du cœur, dans la ferme confiance que la faveur accordée aux mérites de Votre Eminence et aux services rendus par Elle à l'Eglise les encouragera toujours davantage à suivre son exemple dans le cercle de leurs propres attributions.

» En attendant, je me félicite de nouveau très sincèrement d'avoir pour collègue un Cardinal si distingué; et, en lui baisant très humblement les mains, avec les sentiments du plus profond respect, j'ai l'honneur de me dire

» de Votre Eminence,

» Le très humble et très dévoué serviteur,

» L. Card. JACOBINI.

» *Rome, 6 Juillet 1886.* »

Le jour même du Consistoire, M. le Comte Jean Naselli, Garde-Noble de Sa Sainteté, était parti de Rome, en qualité de courrier extraordinaire, pour apporter au Cardinal Langénieux la notification officielle de son élévation à la Pourpre, et la *calotte,* premier insigne de sa dignité.

La remise de la calotte cardinalice eut lieu le Jeudi 10 Juin, à trois heures et demie.

Cette cérémonie était tout intime. En dehors du Clergé de la ville et des Supérieurs des Maisons religieuses — auxquels étaient venus se joindre M. l'Archiprêtre de Rethel et deux prêtres distingués du diocèse de Paris : MM. Taillandier et de Saint-Pern, chanoines honoraires de Reims — avaient été invités :

MM. les Comtes romains,

MM. les Chevaliers de Saint-Grégoire-le-Grand,

MM. les Membres du bureau de l'Académie,

MM. les Présidents des œuvres religieuses,

Et plusieurs autres personnes.

MM. les Chanoines, seuls, étaient en habit de chœur.

Son Eminence Monseigneur le Cardinal se tenait dans un des salons, où chacun fut admis à lui présenter ses hommages.

A l'heure indiquée, M. le Comte Jean Naselli est introduit.

C'est un grand, jeune et beau cavalier, revêtu d'un brillant uniforme militaire, casque en tête. Il s'avance vers le Cardinal et, présentant à Son Eminence un pli cacheté et un écrin qui contient la calotte, exprime sa satisfaction d'avoir été choisi pour remplir cette mission.

Son Éminence prend la calotte et la pose sur sa tête. Puis Monseigneur Langénieux prononce le discours suivant :

« Monsieur le Comte,

» Permettez qu'avant même de vous remercier, ma pensée et mon cœur, par un élan plus rapide encore que la vapeur qui vous a amené si tôt auprès de moi, aillent, directement et d'un seul bond, jusqu'au trône de Celui dont vous êtes l'envoyé ; et que là, prosterné en esprit aux pieds de Léon XIII, je redise à ce grand Pontife ma vive, profonde et respectueuse gratitude.

» Depuis qu'il a plu à Sa Sainteté de me faire connaître ses bienveillantes intentions à mon égard je me prépare, sous l'œil de Dieu, à l'imposante cérémonie de ce jour. — Mais, je le sens, une fois l'heure venue, au moment d'être officiellement investi d'une si haute et si auguste dignité, mon âme s'émeut comme au premier jour, et je ne sais plus que redire la parole du psalmiste : « *Nimis honorati sunt amici tui, Domine.* »

» Car, vous ne l'ignorez pas, Monsieur le Comte, et je puis le répéter devant l'élite de mon Clergé et des fidèles de la cité qui comprendront mes sentiments et y feront écho, c'est un honneur suprême ajouté à la faveur insigne dont je suis l'objet, d'être élevé à la Pourpre romaine par le choix personnel et persévérant de Notre Très Saint-Père. — Voilà, certes, de quoi confondre de plus méritants que moi ; et pour expliquer cette distinction incomparable, je suis bien obligé de remonter le cours des âges pour trouver, dans l'histoire de cette glorieuse Eglise de Reims, des titres qui puissent justifier une semblable exception.

» Je me suis donc rappelé : l'origine apostolique de ce siège métropolitain ; les services signalés rendus par mes illustres prédécesseurs, pendant près de dix-huit siècles, à l'Eglise et à la Patrie ; les privilèges innombrables dont les Papes n'ont cessé de les combler à toutes les époques. J'ai appris de nos annales que, parmi les cent archevêques de Reims, treize sont révérés comme saints et que dix-huit ont été élevés aux honneurs de la Pourpre sacrée : enfin, que Rome elle-même s'est glorifiée d'avoir pour Pontifes suprêmes quatre grands hommes sortis de ce diocèse. J'ai évoqué le souvenir plus récent de l'Eminent et bon Cardinal Gousset, les travaux trop tôt interrompus de Monseigneur Landriot.... et me voyant l'héritier de tant de gloire et de tant de saintes œuvres, il n'est plus qu'une seule chose qui puisse m'étonner, c'est que ma personne n'ait pas été un obstacle aux faveurs dont Léon XIII, dans sa souveraine bonté, voulait combler le siége de Reims. La parole de Notre-Seigneur reçoit donc ici sa complète application : « *Alius est qui seminat, alius est qui metit.* »

» Mais moi qui recueille de si précieux fruits je suis, plus que tout autre, obligé à la reconnaissance, et voilà pourquoi, après avoir remercié le Vicaire de Jésus-Christ, j'ai voulu dire ce que je dois à mon Église.

» Vous porterez, Monsieur le Comte, l'expression de notre gratitude aux pieds de notre bien-aimé et vénéré Pontife ; vous lui direz que le nouveau Cardinal-Archevêque de Reims, à défaut d'autre mérite, est et sera, à l'exemple de ses prédécesseurs, l'humble mais infatigable serviteur du Saint-Siége, et qu'il n'aura rien de plus à cœur que de maintenir ici, dans toute l'étendue de son pouvoir, les belles traditions de dévouement au Pape, qui ont toujours fait l'honneur, la force et la consolation du diocèse. — Vous lui direz que vous avez vu, réunis autour de son élu, et animés des mêmes sentiments de respect et d'amour, l'élite des prêtres et des laïques ; je veux dire, parmi ces derniers, ceux dont le dévouement à l'Église a déjà reçu, de la munificence du Saint-Siége, de nobles récompenses — et ceux dont Sa Sainteté parlait en termes si vrais, dans le Consistoire de lundi dernier, lorsqu'Elle disait : « *Fideles... innumeris*

» *pœne caritatis et pietatis operibus suum in*
» *Ecclesiam amorem et immotam erga Jesu Christi*
» *Vicarium fidem, plures inter gravesque difficul-*
» *tates, splendide profiteri non cessant; ac rei*
» *catholicæ tuendæ vires suas et facultates libenter*
» *impendunt.»* — Je veux devant vous, Monsieur le Garde-Noble, en cette circonstance solennelle, leur rendre le témoignage que méritent leurs œuvres.

» Et maintenant, Monsieur le Comte, soyez remercié. La confiance si marquée dont Notre Très Saint-Père vous honore, suffirait pour vous gagner les respects de toute cette assemblée. Il m'est doux, cependant, d'ajouter que ce m'est une grande satisfaction de recevoir, de vos mains, la notification officielle de ma nouvelle dignité, et une joie de rendre mes devoirs, en votre personne, à votre illustre famille, et à toute cette noblesse romaine si dévouée, en toutes circonstances, au Pape et à l'Église.

Après cette remarquable et noble allocution — dans laquelle dominent la reconnaissance et la modestie — M. l'abbé Péchenard, vicaire général, lit la lettre d'investiture.

« Du Palais du Vatican,
» 7 Juin 1886.

» Dans le Consistoire secret de ce matin, Sa Sainteté a daigné élever à la sublime dignité de

Cardinal Monseigneur Benoît-Marie LANGÉNIEUX, Archevêque de Reims. Le Cardinal soussigné, Frère de Sa Sainteté, porte à la connaissance de Son Eminence cet acte de souveraineté pontificale, pour qu'Elle en soit dûment instruite et qu'Elle s'y conforme.

» J. Card. PECCI.

» Monseigneur Benoît-Marie LANGÉNIEUX,
» Archevêque de Reims. »

Aussitôt, la Maîtrise, placée dans un salon voisin, chante l'invocation : *Oremus pro Pontifice nostro.* Jamais, certainement, ce chœur modèle n'a été meilleur. Il convient notamment de complimenter le jeune soliste, qui s'est comporté en artiste.

De nouveau, les assistants ont présenté leurs respectueuses salutations au Cardinal, qui a eu un mot aimable pour chacun. Puis l'assemblée s'est séparée, emportant une douce et salutaire émotion de cette séance tout à la fois empreinte de grandeur et de simplicité.

Le Mercredi 16 Juin, Monseigneur le Cardinal prêtait le serment d'usage, en présence du Nonce apostolique, dans un des salons du Presbytère de Saint-Augustin, à Paris, et le lendemain avait lieu, à l'Elysée, la cérémonie de la *remise de la barrette.*

A dix heures, Leurs Eminences les Cardinaux Bernadou, LANGÉNIEUX et Place, se trouvaient réunies au presbytère de la paroisse Saint-Augustin, avec Nosseigneurs les Ablégats, leurs secrétaires et les Gardes-Nobles de Sa Sainteté. M. Mollard, introducteur des ambassadeurs, arrivait avec les voitures de gala, vers dix heures un quart.

Aussitôt, le cortège, composé d'une dizaine de voitures, se forme et se met en marche, avec le cérémonial accoutumé, au milieu d'une foule nombreuse et sympathique.

Arrivés à l'Elysée, les Cardinaux et leur suite sont conduits dans un salon et Nosseigneurs les Ablégats sont introduits auprès de M. le Président de la République auquel chacun adresse, selon l'usage, une harangue en latin contenant l'éloge du Cardinal auprès duquel il est délégué.

Monseigneur Vico, secrétaire de la Nonciature apostolique en France, désigné pour le Cardinal-Archevêque de Reims, prononce une allocution dont nous empruntons la traduction au *Bulletin du Diocèse de Reims*.

« Rien de plus honorable ne pouvait m'arriver, rien de plus agréable aussi que de vous apporter, M. le Président, les insignes de la dignité cardinalice, qu'au nom de Léon XIII vous devez remettre au très illustre Monseigneur Benoit-Marie Langénieux, Archevêque de Reims, admis récemment dans le Collège des Cardinaux. Ce qui me rend également heureux, c'est que vous pouvez voir clairement, par de nombreuses et nouvelles preuves, la grande bienveillance dont le Souverain Pontife entoure non seulement le clergé, mais la nation française tout entière. Et ce n'est pas seulement la récompense due aux vertus et aux grandes œuvres de l'Archevêque de Reims qu'il faut considérer dans cette promotion à une si haute dignité, c'est surtout le désir du Pontife de profiter de toutes les occasions pour honorer ceux qui ont rendu service à la religion et à la patrie.

» Et pour faire en peu de mots l'éloge de l'Archevêque de Reims, je dirai que prêtre, curé, évêque, il n'a eu rien de plus à cœur que de former des citoyens dévoués également à la religion et à la patrie, persuadé à bon droit que jamais il ne ferait un bon citoyen si, auparavant, il n'avait fait un chrétien. Doué naturellement d'un esprit plein de dextérité et de douceur, d'une parole éloquente et facile, excellant dans l'art de gagner les cœurs, on le croyait, on le disait apte, mieux que personne, à toutes les charges. Nul assurément n'a oublié les grandes choses que, pendant plus de vingt ans, il a entreprises, au milieu de l'admiration générale, pour l'Eglise, pour la patrie, pour les pauvres, dans cette capitale. Les monuments qui demeurent exaltent ses mérites plus que tout discours ; rien non plus n'effacera le souvenir de cet amour pour la patrie dont il était enflammé, surtout pendant le siège de cette ville en 1871.

» Elevé à l'épiscopat, à peine montré à Tarbes, il avait conquis aussitôt toutes les sympathies. Il donna la preuve de sa profonde piété en s'appliquant de tout son cœur à faire honorer par le culte le plus éclatant la Vierge de Lourdes. Il reporta ensuite toute sa sollicitude sur Reims, où il montra le même zèle à s'occuper des affaires de ce diocèse, la même habileté à les traiter. Qu'il suffise de rappeler ses soins laborieux pour obtenir la reconnaissance du culte public au Bienheureux Urbain II, ce grand citoyen, à l'âme invincible, une des gloires de Reims. Cependant toutes ces belles œuvres du Cardinal Langénieux sont encore surpassées par l'ardente charité dont il a toujours embrassé tous les hommes, surtout les ouvriers et les pauvres. S'occupant d'abord de leurs enfants, il a ouvert de nombreuses maisons pour les recevoir, les nourrir, les instruire ; en même temps il offrait la consolation d'une demeure aux parents eux-mêmes qu'il trouvait sans asile ; ceux qui étaient sans ouvrage, il les employait, mendiant lui-même leur salaire.

» Aussi bientôt, d'un bout de la France à l'autre, les hommes généreux dont elle est riche, se levèrent avec la résolution d'imiter cet exemple ou de s'appliquer avec plus d'ardeur à des entreprises semblables. C'est pour ce motif que l'Archevêque entoure de tant d'affection et de faveur l'association d'ouvriers établie dans son diocèse et pourquoi cette Société est si prospère et s'étend au loin.

» Ce que je viens à peine d'effleurer suffit à montrer quelle abondance de bienfaits ce seul homme a répandus sur la société religieuse et civile. C'est donc à bon droit que le Pontife romain, juste appréciateur des mérites, a résolu d'élever à la plus sublime dignité l'ardent coopérateur de sa sollicitude envers la France.

» Qu'il me soit enfin permis à moi, qui depuis près de quatre ans, suis profondément attaché à cette très noble nation, de former les vœux les plus sincères pour que le Dieu Tout-Puissant conserve longtemps l'Eminentissime Cardinal Langénieux, qu'il veille toujours à la conservation de votre vie, au bonheur et à la gloire de la France. »

Le Président de la République répondit aux Ablégats :

« Messieurs les Ablégats,

» Soyez les bienvenus dans ce pays dont vous parlez avec tant de sympathie.

» Députés par le Saint-Siège pour prononcer dans cette cérémonie l'éloge des nouveaux Cardinaux, vous venez d'accomplir dignement votre mission dans cette belle langue qui se prête si bien à l'éloquence et que l'Eglise a su s'approprier.

» Je vous remercie, Messieurs, de ce qu'il y a d'obligeant dans vos paroles pour le Président de la République et des vœux que vous exprimez pour le bonheur de la France. »

Alors, les Cardinaux ont été introduits dans la salle d'audience, accompagnés des Ablégats apostoliques, des Gardes-Nobles : MM. les Comtes Folicaldi, Naselli et Salimei, et des Vicaires généraux des Archevêchés de Sens, de Reims et de Rennes.

Le Président avait auprès de lui les officiers de sa maison militaire.

Son Excellence le Nonce du Saint-Siège et l'auditeur de la Nonciature ; M. de Freycinet, président du conseil, ministre des affaires étrangères ; M. Goblet, ministre de l'instruction publique, des cultes et des beaux-arts ; M. Turquet, sous-secrétaire d'Etat du ministère de l'instruction publique, des cultes et des beaux-arts ; M. Bousquet, directeur des cultes, assistaient à la cérémonie.

Le Président de la République a remis aux cardinaux la barrette que lui présentait l'Ablégat désigné pour chacun d'eux, et Monseigneur le Cardinal-Archevêque de Sens, prenant la parole, en leur nom, a prononcé un discours, auquel M. le Président répondit en ces termes :

« Messieurs les Cardinaux,

» Je dois aux fonctions que mon pays m'a confiées l'honneur de vous remettre les insignes de la haute dignité que vous ont méritée vos services, vos talents et vos vertus, et dont le chef de l'Eglise a couronné votre long Episcopat. Je suis heureux d'avoir, au nom du pouvoir civil, à prendre cette part modeste à votre élévation, dans laquelle je vois, comme vous, un précieux témoignage des sentiments bienveillants du Souverain Pontife pour la France.

» Dans votre sollicitude pour les intérêts de l'Eglise, dont vous êtes les dignitaires, vous n'oubliez pas les intérêts de la France, dont vous êtes les citoyens. Vous savez les concilier dans le sage discours que nous venons d'entendre et qui est le digne langage de Cardinaux français.

» Je suis profondément touché, Messieurs les Cardinaux, des vœux que vous formez pour ma famille et pour moi, ainsi que pour mes coopérateurs dans le Gouvernement de la République. »

Les Cardinaux ont été retenus à déjeuner à la Présidence et reconduits ensuite au presbytère de Saint-Augustin, avec le cérémonial accoutumé, par l'Introducteur des Ambassadeurs et un aide des cérémonies.

Du temps où régnaient les princes qui portaient le titre de fils aîné de l'Eglise, la remise de la barrette était une des plus grandes et des plus imposantes cérémonies de la cour ; aujourd'hui elle est renfermée dans le cadre modeste de l'Elysée, cadre dont on a même banni la cérémonie de la messe, encore usitée lors de la remise de la barrette à Son Eminence le Cardinal Lavigerie. Néanmoins la cérémonie a eu encore ce caractère de grandeur adhérente à tout ce qui touche à l'Eglise.

Pendant ce temps, Reims se préparait à faire une splendide réception à Son Eminence Monseigneur Langénieux.

L'avis suivant était affiché dans l'intérieur des églises :

« Son Eminence Monseigneur LANGÉNIEUX, Cardinal-Archevêque de Reims, fera son entrée solennelle, dans son église métropolitaine, mercredi prochain 23 juin, à quatre heures du soir.

» Son Eminence, qui arrivera de Paris par le train de 3 heures 36, sera reçue au portail de la Cathédrale par Nosseigneurs les Evêques de la province, par le Chapitre métropolitain et par le Clergé du diocèse.

» Chant du *Te Deum*. — Discours du Cardinal. — Salut du Très-Saint Sacrement. — Retour au Palais par les cours de l'Archevêché.

» A cinq heures, après la cérémonie, auront lieu les réceptions officielles des autorités civiles et militaires.

» Les autres réceptions sont renvoyées à plus tard, à un jour qui sera indiqué. »

Au jour indiqué, dès trois heures de l'après-midi, une foule immense s'est portée vers la gare, pour assister à l'arrivée de Son Eminence.

Dans l'une des salles d'attente, transformée en salon, se tient une nombreuse assistance, où nous remarquons Monseigneur l'Ablégat, le Garde-Noble, les Vicaires généraux, le Chapitre et les principaux membres du Clergé de la ville et des environs ; MM. de Saint-André et Chesnelong, vicaires de Saint-Augustin ; le général de division de la Hayrie et ses aides de camp, ainsi que plusieurs officiers supérieurs ; M. H. Blount, les Comtes romains, les membres de la Fabrique de Notre-Dame et bon nombre de notabilités rémoises.

(

A l'heure précise, le train arrive en gare : la musique du Pensionnat des Frères fait entendre une fanfare joyeuse ; des applaudissements, des vivats, des félicitations et des souhaits de bienvenue retentissent. Monseigneur est radieux. Il fait le tour du quai, ayant pour tous un mot aimable et une bénédiction.

Puis Son Eminence pénètre dans le salon, où éclatent des cris de *Vive le Cardinal!* Il serre cordialement la main au Général de division et à ses Officiers, et répond avec effusion aux compliments qui lui sont adressés par son clergé et par les principaux des assistants.

Monseigneur Langénieux sort de la gare, monte en voiture, ainsi que toute sa suite. Par une heureuse coïncidence, le soleil, qu'on n'avait pas vu depuis quelques jours, illumine tout à coup de ses rayons cette scène émouvante ; et la foule de dire : « Si Monseigneur nous ramène le beau temps, qu'il soit doublement le bienvenu ! »

Cependant, le cortège se forme, et au milieu des flots pressés d'une population respectueuse, se met en marche, précédé de la musique et escorté par une garde d'honneur improvisée : c'est le petit escadron du cours d'équitation que fait M. Marmiesse aux élèves du Pensionnat des Frères. M. Marmiesse lui-même les dirige avec l'habileté qu'on lui connaît, et ces jeunes volontaires ont fort bonne façon ; ils protègent heureusement le cortège contre les empressements de la foule.

Sept ou huit voitures, renfermant les dignitaires pontificaux et le haut clergé rémois, suivent celle de Son Eminence. Puis viennent les prêtres, les fidèles, les élèves du Pensionnat et des Ecoles des Frères ; enfin une multitude innombrable, d'une convenance et d'une tenue remarquables.

Pour retrouver pareil spectacle, il faut se reporter à onze ans en arrière, au 22 Février 1875, quand le peuple de Reims faisait, pour la première fois, à son archevêque, un accueil enthousiaste.

Sur tout le trajet, les maisons sont décorées

avec goût, même celles des protestants et des israélites : les bâtiments municipaux seuls font exception, ce qui provoque dans la foule bien des réflexions peu flatteuses pour nos édiles. A l'Hôtel de la Division est un splendide drapeau.

Malgré ce concours inouï de populaire, avide de voir et de saluer le nouveau Cardinal, il ne s'est produit ni désordre ni accident.

Monseigneur descend quelques instants au Grand-Séminaire pour y revêtir la *cappa magna.*

Là se remarque une fort belle décoration, composée surtout de cinq écusssons, dont nous relevons les inscriptions :

I

Au dix-neuvième Cardinal de Reims.

II

Gloria filiorum patres eorum.

III

Tota plaudente Ecclesia
Voto Pius IX
Re Leo XIII
Cardinalem fecit.

IV

Omnis civitas exultavit atque lætata est.

V

Gloria et honore coronasti eum.

Nous avons également vu, en face le Grand-Hôtel, un écusson orné de cinq drapeaux et portant en exergue :

Syndicat des Débitants de boissons
de la Ville de Reims.

Notre magnifique Cathédrale s'est mise toute en fête pour recevoir son Archevêque revêtu de la Pourpre romaine. A la galerie du *Gloria* flottent des oriflammes et des drapeaux aux couleurs nationales. Un bandeau de velours, aux armes de Son Eminence, surmonte la porte d'entrée, ornée elle-même de tentures et d'oriflammes.

A l'intérieur, la Chaire est toute drapée de rouge, avec des lambrequins de velours cramoisi frangé d'or, rehaussé par les armes du Cardinal.

Au-dessus de la grille du Chœur se dresse un

arc-de-triomphe. D'un élégant dôme, orné d'écussons, tombent de grands rideaux gracieusement relevés ; sur la grille, des draperies complètent la décoration. Le trône est revêtu de velours cramoisi. Dans le sanctuaire sont des prie-Dieu pour Son Eminence et pour les Evêques.

Le Cardinal part du Grand-Séminaire et se rend au portail de la Métropole. Il y est reçu, avec le cérémonial accoutumé, par les Evêques de Soissons et de Châlons, ainsi que par le Chapitre et le Clergé.

Après avoir présenté au Cardinal la croix et l'encens, Monseigneur de Soissons lui adresse les paroles suivantes :

« Eminentissime Seigneur,

» Veuillez nous permettre, à mon vénérable Frère Monseigneur l'Evêque de Châlons et à moi, d'accueillir les premiers Votre Eminence, au seuil de son Eglise métropolitaine. La fête de ce jour n'est pas seulement celle de la cité et du diocèse de Reims, elle est aussi celle de la province ecclésiastique qui s'honore de vous avoir à sa tête : recevez ses hommages unanimes avec ceux des deux Evêques qui ont pu dérober quelques heures aux exigences d'un pressant ministère.

» Le grand Pape qui vient de vous accorder une place au Sénat de la sainte Eglise, Eminentissime Seigneur, a sans doute eu quelque intention de décorer en votre personne le siége archiépiscopal de Reims, et à bon droit ; car, si l'on en voit plusieurs autres établis au milieu de populations plus nombreuses, il n'en est guère, assurément, de plus illustre que lui en notre Patrie. Reims fut le berceau de la France chrétienne ; Reims a vu, de longs siècles durant, les chefs de notre nation venir demander à Dieu une consécration qui, sans conférer le droit, ne laissait pas de le sanctifier et de le bénir ; Reims, que dis-je ? cette Cathédrale a vu la grande libératrice Jeanne d'Arc, son étendard à la main, comme Reims avait vu le fondateur Clovis courbé au baptistère de Saint-Remi.

» Alors Léon XIII et le Chef du Gouvernement français, que la justice et le respect m'invitent ici à associer au Chef de l'Eglise, ont surtout considéré que vous succédez dignement à saint Remi.

» On a parlé ailleurs de vos vertus sacerdotales, de vos anciens labeurs, de votre industrieuse non moins qu'infatigable charité ; nous souscrivons à ces éloges, en nous bornant à les rappeler.

Mais nous rendrons témoignage, devant Dieu et devant les hommes, de ce que nous avons vu, de ce que nous avons entendu, de ce que nous touchons du doigt. Ce que nous avons entendu, c'est une parole pleine de douceur, de force et de lumière, toujours prête à couler et toujours contenue, que le zèle apostolique fait seul jaillir et que maints solliciteurs trouvent à leur service.

» Ce que nous touchons, ce sont les fruits d'un épiscopat vraiment fécond : la résurrection de l'antique abbaye d'Igny ; le renouvellement du culte du Bienheureux Urbain II, et la préparation, sur le sol où naquit ce magnanime promoteur de la première croisade, de créations qui n'intéressent pas seulement l'art et l'histoire ; l'introduction de la cause du Vénérable de La Salle devant le Tribunal auguste qui a mission de discerner les traces et les manifestations de la sainteté ; la doctrine évangélique enseignée ici aux enfants des pauvres, dans des écoles fondées au prix des sacrifices que Votre Eminence a su faire et inspirer ; des établissements scolaires d'un ordre plus élevé, protégés, soutenus, encouragés, prospères ; des séminaires pourvus de maîtres aussi doctes que pieux et dévoués, fournissant de belles générations sacerdotales ; une pacification conforme à l'idée du Docteur évangélique, *Pax tranquillitas ordinis,* qui vous coûte des sollicitudes, mais qui n'a pas laissé d'amertume au cœur de ceux qui eurent l'intelligence du devoir ; enfin, un clergé catéchisant, prêchant, administrant, sous la direction, le contrôle et l'affectueuse impulsion de celui qui s'est fait, comme nous le prescrit le Prince des Apôtres, la forme et le modèle de tous.

» Les mérites de votre personne, aussi bien que les gloires du siége de Reims, Eminentissime Seigneur, appelaient donc sur vous la Pourpre romaine, en vous préparant aux éminents services que la dignité cardinalice vous permettra de rendre. Nous en adressons à Dieu nos profondes actions de grâce, et nous le prions de renouveler et de réjouir pendant bien des années, comme il le fait à l'autel pour les pontifes et les prêtres selon son cœur, votre longue et puissante jeunesse. »

A son tour, M. l'abbé Juillet, doyen du Chapitre, salue Monseigneur en ces termes :

« Eminence,

» Au nom du Chapitre métropolitain, dont je ne saurais exprimer la vive allégresse, au nom du Clergé de la ville et du diocèse, si dévoué de cœur à son Archevêque, au nom de tout ce bon peuple de Reims qui s'empresse à votre rencontre et vous acclame avec tant de joie, je suis heureux et fier, Eminence, de vous offrir l'humble et filial hommage de nos plus respectueuses félicitations, et de vous redire, comme le meilleur souhait de bienvenue, la grande parole qui retentissait autrefois sur les pas triomphants du Sauveur : *Benedictus qui venit in nomine Domini!* Béni soit celui qui nous revient au nom du Seigneur couronné de dignité, d'honneur et de puissance, enveloppé dans les larges plis de cette Pourpre romaine qui en a fait un Prince de l'Eglise, et que lui ont méritée l'éclat de ses vertus, les hautes qualités de son esprit et de son cœur, et la grandeur de ses œuvres apostoliques.

» Grâces soient donc rendues au Dieu très bon qui nous donne de contempler le Pasteur et Père bien-aimé de nos âmes dans la splendeur d'une si auguste dignité. — Grâces soient rendues à notre glorieux Pontife Léon XIII, dont la haute sagesse a su discerner l'Evêque au grand cœur, le défenseur intrépide des droits imprescriptibles de la sainte Eglise, et qui, dans votre personne, Eminence, a voulu honorer notre antique et illustre métropole, manifester sa sympathie pour notre si chère France, et récompenser ces vaillants chrétiens qui, sous l'inspiration de votre zèle, ont accompli de si admirables œuvres de foi et de charité.

» Il ne nous reste plus, Eminence, qu'un vœu

bien ardent à adresser au Ciel : c'est que rien désormais ne puisse rompre les nouveaux liens que la Pourpre sacrée vous a fait contracter avec l'Eglise de Reims. Nous savons toute votre paternité, vous savez tout notre amour filial ; je m'écrierai donc avec la sainte Liturgie : *Ad multos annos !* Oui, Eminence, de longues années pour la gloire de notre métropole ; de longues années pour la joie de votre clergé et le bonheur de votre peuple ; de longues années d'un épiscopat fécond et prospère, pour l'honneur de Dieu et de la sainte Eglise : *Ad multos annos feliciter.* »

Tout aussitôt le clergé chante le *Te Deum ;* puis le Cardinal se rend au sanctuaire avec les Evêques, le Chapitre et le Clergé.

Impossible de décrire l'aspect que présente alors la vieille Cathédrale, avec sa rosace que le soleil fait étinceler de feux multicolores, avec ses décorations splendides, avec son illumination, ses chants et les flots d'harmonie que l'orgue répand dans les nefs sonores, avec ce clergé qui a revêtu les splendides ornements sacerdotaux du trésor de Notre-Dame de Reims, et surtout avec cette foule innombrable, qu'il ne nous souvient pas d'avoir vue aussi pressée depuis les obsèques du bon Cardinal Gousset.

Le chœur est rempli d'assistants, parmi lesquels nous remarquons M. le général de la Hayrie et ses Officiers, le Tribunal civil, le Tribunal de commerce, l'Académie de Reims, l'École de Médecine, le Barreau, la Chambre des Notaires, les Avoués, les Légionnaires, les Médaillés d'honneur, etc., et nombre d'autres Sociétés et invités.

Auprès du trône de Son Éminence, se tient le comte Naselli, garde-noble, dont le brillant uniforme, la belle mine et la distinction de tenue sont fort remarqués. Il porte la croix de la Légion-d'Honneur.

Bientôt Monseigneur se rend processionnellement en chaire et adresse à la foule attentive et recueillie ces paroles émues :

» Nos bien chers Frères,

» Il y a 36 ans, en un jour comme celui-ci, l'Éminent Cardinal Gousset, revêtu pour la première fois des insignes de la dignité cardinalice, montait dans cette même chaire. Emu de l'accueil enthousiaste que vous lui aviez fait, il vous disait :

« Voici dix ans que je suis au milieu de
» vous, et je n'ai jamais cessé de recevoir les
» témoignages les plus touchants de votre res-
» pectueuse et filiale affection. »

» Puis, à la vue des magnificences que vous aviez déployées en son honneur, il vous remerciait, nos très chers Frères, avec cette effusion contenue qui allait si bien à sa haute intelligence et à son grand cœur.

» Trente-six ans ! Depuis ce temps, bien des choses ont changé... Mais au spectacle que vous m'offrez aujourd'hui, je vois et je sens qu'une chose est immuable, permanente, indestructible dans cette cité : votre affection envers votre premier Pasteur.

» Moi aussi, depuis dix ans, je suis au milieu de vous : successeur du grand Cardinal sur le siége de saint Remi et aujourd'hui dans la haute dignité qu'il honora, je puis bien, à mon tour, redire que, depuis dix ans aucun jour ne s'est passé, même et surtout dans les difficultés les plus graves, qui ne m'ait apporté la preuve de votre esprit de foi et de votre dévouement. Ah ! cet aveu monte spontanément de mon cœur à mes lèvres après le spectacle émouvant que vous venez de me donner et en vous voyant si

nombreux dans cette Cathédrale. — C'est tout le passé qui revit devant mes yeux. Que ne puis-je redire publiquement aujourd'hui devant vous, mes bien-aimés prêtres, devant les fidèles chrétiens de la ville, quels beaux et doux souvenirs les années écoulées avec vous ont laissé dans mon âme.

» C'est, dit-on, dans le temps de l'épreuve que l'on connait ses vrais amis. Elle fut grande et douloureuse, ô mon Dieu, l'épreuve que vous m'avez imposée le jour où vous avez rappelé à vous celle qui fut ma mère ! Ma mère à qui, après vous, je dois tout ! Mais ce jour de deuil est aussi celui où vous m'avez témoigné, mes bien chers Frères, une sympathie et une affection qui restent dans mon âme comme une forte et durable consolation.

» D'autres douleurs sont venues, moins personnelles, mais non moins poignantes, que vous avez su comprendre et soulager. Quand les ouvriers étaient sans pain, c'est vous qui les avez nourris, et quand l'enfant du pauvre eut besoin d'écoles chrétiennes pour l'éducation de son esprit et de son cœur, c'est vous qui les avez élevées. A l'heure actuelle, il y a, dans cette Cité, d'impérissables monuments qui attestent votre intelligence, votre générosité, votre amour des âmes !

» C'est au milieu de ces travaux consolés

par de réels succès, que Notre Très-Saint Père, d'accord avec le Chef de l'Etat, a voulu élever à la sublime dignité du Cardinalat celui que la divine Providence vous a donné pour Archevêque, comme il arrive parfois que, sur le champ de bataille même, on récompense un capitaine à cause de la valeur de ses troupes. Et, en effet, parmi les titres que le Souverain-Pontife a invoqués en faveur des nouveaux Cardinaux, le principal, celui sur lequel Sa Sainteté a insisté davantage, n'est-ce pas ce fait qui est tout à votre honneur, nos très chers Frères, « que nous sommes entouré d'un peuple fidèle, toujours prêt à manifester son amour envers l'Eglise, son inébranlable foi dans le Saint-Siége, son dévouement pour les œuvres catholiques, non seulement par l'expression de ses sentiments, mais par son inépuisable charité ! »

» Ah ! plus d'une fois, en relisant ces paroles du Père commun de nos âmes, j'ai été tenté de m'écrier en pensant à vous, comme autrefois l'apôtre des nations : *Fratres mei carissimi et desideratissimi, gaudium meum et corona mea !* (1) Et voilà pourquoi, malgré mon peu de mérite personnel, c'est avec confiance, avec une sorte de fierté que je porterai cette Pourpre sacrée dans l'illustre métropole et au milieu d'un peuple

(1) Ad. Philipp., IV. 1.

que le Pape a jugé digne d'avoir à sa tête un Prince de l'Eglise !

» Mais aussi je la porterai avec le sentiment des obligations qu'elle m'impose. Car la Pourpre n'est pas seulement un honneur.... Par sa couleur même, elle enseigne à celui qui en est revêtu que si, comme Evêque, il vous doit son temps, ses labeurs et chacune des heures de sa vie, il est désormais obligé de servir les âmes, le Saint-Siège et les intérêts de Dieu, non seulement jusqu'à l'oubli complet de lui-même, mais, s'il le fallait, jusqu'au martyre : *usque ad sanguinis effusionem*.

» Il n'appartient qu'à Dieu, nos très chers Frères, d'accorder à ceux qu'il aime une destinée aussi glorieuse, et rien ne nous donne le droit de l'espérer. Mais, du moins, cette extrémité pleine d'honneur nous fait-elle entrevoir, dans l'avenir qui se prépare, des obligations austères et de pénibles devoirs.

» D'avance, nos très chers Frères, nous déclarons compter avant tout, après la grâce de Dieu, sur le secours de vos prières et de votre dévouement. Vous prierez pour nous, afin que le Seigneur nous donne des vertus égales à notre dignité, égales surtout aux devoirs qu'elle nous impose dans le présent et qu'elle exigera peut-être de nous dans l'avenir.

» Messeigneurs,

» Vous aussi, vous avez voulu continuer la tradition, et venir, dès la première heure, rendre hommage à la dignité dont le Souverain Pontife a daigné honorer votre collègue dans l'épiscopat. Ma respectueuse amitié aime à voir, dans votre présence, le témoignage de l'union étroite qui règne entre les Evêques de la province de Reims. Plus que jamais nous voici les uns et les autres serrés autour de la chaire de Pierre : mon peuple en est témoin, et en son nom, Messeigneurs, je vous offre nos respectueux et bien vifs remerciements. Permettez, qu'interprétant vos prières et vos vœux, je le bénisse, et, avec lui, le diocèse tout entier. »

Aussitôt ce discours, la maîtrise et le chœur chantent un *Tantum ergo* d'une admirable expression musicale et d'une interprétation parfaite. Ensuite, le chœur entonne un *Laudate Dominum*, vrai chant de triomphe et d'allégresse très bien enlevé.

Son Eminence donne le salut du Très-Saint Sacrement, puis clergé et cortège se rendent, par les cours intérieures, dans le Palais archiépiscopal. Pendant le défilé, M. Grison exécute brillamment une marche solennelle qu'il a jadis dédiée à Monseigneur Langénieux.

Des arbres, des mâts avec des oriflammes aux couleurs nationales, forment l'allée qui conduit à la porte du Palais, cachée sous un magnique arc-de-triomphe.

Deux larges pilastres en verdure, ornés de drapeaux, soutiennent une décoration du plus heureux et du plus puissant effet. Au sommet de l'arc triomphal apparaissent les armoiries du pape Léon XIII, qui semblent rayonner sur les armes du nouveau Cardinal. L'écusson, encadré dans un vaste manteau d'hermine, est soutenu par deux cornes d'abondance, d'où s'échappent les titres d'honneur du Pontife : les Pauvres malades, Igny, l'Œuvre des Séminaires, les Ecoles libres, Sainte-Geneviève, Saint-Jean-Baptiste, Urbain II. De chaque côté, un ange aux ailes déployées porte un écusson : les armes du Chapitre, les armes de la Cité ; au pied se déroule un listel, avec la légende : *Dieu en soit garde !*

La porte d'entrée de la salle des Rois est magnifiquement ornée d'une grande draperie rouge, relevée à l'italienne : des statues, de la verdure, des trophées et des écussons décorent le perron.

Admirable est la rentrée au Palais. La musique joue, le bourdon tinte... ne pouvant sonner à volée ; la foule acclame son Archevêque, et Monseigneur a grand'peine à en percer les flots pressés. Parvenu au sommet du perron, le Cardinal contemple quelque temps cette multitude avec un sourire de douce et intime satisfaction. Puis Son Eminence élève les mains au Ciel; les deux Evêques qui l'accompagnent l'imitent, et les trois Prélats bénissent en même temps la foule inclinée ou agenouillée. Monseigneur, à diverses reprises, lui adresse par gestes les plus affectueux adieux.

Les réceptions officielles ont lieu ensuite dans les salons du Palais. Voici l'ordre dans lequel ont été appelés les autorités et les représentants des Sociétés rémoises :

M. le Sénateur (absent).

M. le général de division de la Hayrie. MM. les Colonels d'état-major, d'artillerie et d'infanterie, le Commandant de place, les Officiers de tous grades de la garnison.

M. le Sous-Préfet.

M. le Président et le Tribunal Civil, MM. les Juges et Greffier.

M. le Président et le Tribunal de Commerce, MM. les Juges et Greffier.

M. le Président et la Chambre de commerce et MM. les Membres de la Chambre.

M. le Maire, MM. les Adjoints.

M. le Procureur de la République et MM. les Substituts.

MM. les Juges de paix.

M. le Capitaine de gendarmerie.

M. le Commissaire central et les Commissaires de police.

M. le Bâtonnier de l'Ordre des Avocats et MM. les Avocats.

M. le Président de la Chambre des Avoués et MM. les Avoués.

MM. les Membres de la Chambre des Notaires.

MM. les Membres de la Chambre des Huissiers.

M. le Directeur de l'Ecole de médecine et MM. les Professeurs.

M. le Président et MM. les Membres de l'Académie.

MM. le Proviseur et les Professeurs du Lycée.

M. le Président et MM. les Membres du Bureau de bienfaisance.

M. le Président et MM. les Membres de la Commission des Hospices.

M. le Président et MM. les Membres du Conseil de fabrique de Notre-Dame.

M. le Président et MM. les Membres du Conseil des Prud'hommes.

M. l'Inspecteur divisionnaire du travail des enfants dans les manufactures.

M. le Receveur des finances et MM. les Percepteurs.

M. le Directeur et MM. les Receveurs de l'Enregistrement.

M. le Receveur des Postes.

M. le Président de l'Association de la Légion-d'Honneur et MM. les Légionnaires.

M. le Président des Médaillés d'honneur et les Médaillés.

MM. les Inspecteurs des écoles primaires et MM. les Instituteurs.

M. l'Inspecteur principal des chemins de fer de l'Est.

M. le Chef de gare de Reims.

M. le Capitaine et MM. les Officiers de pompiers.

M. le Président et MM. les Vice-Présidents de la Compagnie des sauveteurs.

MM. les Fabriciens des paroisses de la ville.

MM. les Employés de la Mairie.

Son Eminence, dont tout le monde connaît et apprécie l'aménité charmante, a eu pour chacun une bonne parole et un remercîment affectueux. Au corps tout entier des Officiers de la garnison, qui avait à sa tête le général de la Hayrie, Monseigneur a parlé avec effusion. « Je vous ai toujours beaucoup aimés, leur a-t-il dit, je vous aime davantage encore s'il est possible. Cette commune couleur que nous portons me rappelle que, comme vous, je dois être prêt à verser mon sang pour le devoir et la patrie. »

Chacun, en résumé, a quitté le Palais archiépiscopal en emportant une douce et réconfortante impression. Son Eminence Monseigneur le Cardinal Langénieux s'est acquis, s'il est possible, de nouveaux titres et de nouveaux droits à la considération et à l'affection de ses diocésains.

Le soir, un dîner de vingt-quatre couverts réunissait autour de Son Eminence Monseigneur le Cardinal les invités suivants. Tous, en dehors des ecclésiastiques, étaient choisis parmi les autorités de divers ordres. Les invitations avaient été limitées à la ville de Reims.

Monseigneur l'Evêque de Soissons, Monseigneur l'Evêque de Châlons, Monseigneur l'Evêque de Dijon, Monseigneur Vico, ablégat, M. le général de la Hayrie, M. le Colonel chef d'état-major, M. le Colonel directeur de l'artillerie, M. le Colonel du 132e, M. le Sous-Préfet, M. le comte Naselli, garde-noble, M. le Président du Tribunal de Commerce, M. le Procureur de la République, M. le Président de l'Académie, directeur de l'Ecole de Médecine, M. l'Inspecteur principal des Chemins de fer de l'Est, M. le Chef de gare de Reims, MM. Péchenard et Peltier, vicaires généraux, MM. les Vicaires généraux de Soissons, Châlons et Dijon, M. l'abbé Chesnelong, M. l'abbé de Saint-André, M. Blount, le Secrétaire de Monseigneur l'Ablégat, M. le chanoine Girard.

S'étaient fait excuser : M. le Maire et MM. les Adjoints, en raison des obsèques de M. C. Poulain, M. le Président du Tribunal civil, M. le Sénateur.

Monseigneur Langénieux a fait distribuer aux pauvres, à l'occasion de sa rentrée à Reims, plusieurs milliers de bons de pain, de viande et de vin.

Le lendemain jeudi, son Eminence conviait le Chapitre, les Curés de la ville et les Archiprêtres. A la fin du repas, Monseigneur l'Ablégat prononça une allocution que tous liront avec bonheur.

« Eminence,

» Ce m'est un grand honneur et une joie non moins grande de saluer en votre personne le Prince de l'Eglise désigné aux honneurs de la Pourpre, par une volonté spéciale du Souverain-Pontife qui a daigné lui-même devancer pour votre Eminence le choix du pouvoir civil. En cette circonstance, le Pape Léon XIII, qui gouverne l'Eglise avec tant d'éclat, a montré de nouveau avec quelle pénétration sa haute sagesse apprécie les choses et les hommes. Car, s'il m'est permis de le dire, après une telle autorité, votre élévation au Cardinalat, Eminence, était bien propre à réjouir la célèbre ville de Reims et son diocèse, Paris qui a vu vos premières œuvres, et la France catholique tout entière.

» A Paris, votre Eminence a laissé des souvenirs que j'ai pu y recueillir depuis près de quatre ans, et que je me plais à rappeler pour l'honneur d'une vie qui fut toujours un véritable apostolat. Aussi serait-il difficile de dire si c'est à Saint-Roch comme Vicaire, ou à Saint-Ambroise et à Saint-Augustin comme Curé de ces importantes paroisses, que votre zèle pour toutes les œuvres s'est le plus ardemment manifesté.

» A Saint-Roch, les enfants de la première communion sont votre principale sollicitude ; mais à quelle œuvre ayant pour but l'instruction religieuse ou la préservation de l'enfance, le soulagement des malades et des pauvres n'avez-vous pas donné l'activité de votre esprit, la tendresse de votre cœur, le sacrifice de tous vos instants ?

» A Saint-Ambroise, la responsabilité d'une grande œuvre vous saisit tout d'abord, car il faut construire l'église paroissiale, et créer nombre d'œuvres en même temps que multiplier les prédications. Mais là encore votre zèle suffit à tout.

» A Saint-Augustin, après les soucis de la fondation du presbytère et du gouvernement d'une grande paroisse, voici venir les horreurs du siège, puis de la guerre civile. Vos paroissiens d'alors, Eminence, se rappellent encore avec admiration, reconnaissance et fierté, comment votre charité, s'associant par des combinaisons ingénieuses aux plus pures inspirations du patriotisme, sut fournir à plus de 1,500 pauvres les fruits d'un travail de cartoucherie, qui par vos soins enrichissait les approvisionnements de défense, à l'heure où votre cher pays espérait encore sa délivrance. Faut-il s'étonner après cela que la ville de Paris, reconnaissante, ait demandé pour le vaillant et charitable Curé de Saint-Augustin la croix de la Légion-d'Honneur! Hélas! peu après il fallait songer non plus à défendre la capitale contre l'étranger, mais à se défendre dans ses murs contre des criminels en révolte. Le Curé de Saint-Augustin, par son zèle apostolique, comme par sa popularité même, était naturellement désigné à leurs vengeances. Il en eût été la victime si l'un de ces malheureux, se souvenant des secours qu'il avait donnés à sa petite fille, n'avait, en reconnaissance, averti et sauvé Votre Eminence de ce péril suprême.

» Dès lors, le vénérable Archevêque de Paris eut à cœur d'agrandir encore le champ de votre action, et par un choix qui marquait tout ensemble sa confiance et vos mérites, il vous appelait à partager sous son autorité l'administration de son vaste diocèse. Dieu semblait ainsi vous préparer pour le gouvernement direct d'une des églises de France. Notre-Dame de Lourdes eut les prémices de votre épiscopat.

» J'ai déjà dit, ailleurs, que vous aviez été à peine montré au diocèse de Tarbes qui ne vous a connu que pour regretter un Evêque si plein de charme, de piété. Au bout de quelques mois, vous montiez sur cet illustre siège archiépiscopal de Reims dont le nom rappelle le baptême de la France, et qui se rattache, par conséquent, à ce beau titre de Fille aînée de l'Eglise, décerné par les Papes à votre grande nation. Redirai-je les nouveaux efforts, en ce nouveau poste, de votre infatigable zèle, la fondation d'églises, la réparation de couvents, la restauration de l'insigne église cathédrale et les mémorables fêtes données à Reims pour la glorification du grand Pape des Croisades, Urbain II ?

» C'est alors que la France tout entière fut rendue attentive aux exemples qui venaient de Reims, et qui n'ont cessé de se manifester par des œuvres remarquables, dont l'enseignement chrétien, les enfants, les pauvres, les délaissés ont pu spécialement tirer profit ! Aussi de quelle affection prêtres et fidèles n'entourent-ils pas un Pasteur qui se fait ainsi tout à tous, et de quelle acclamation n'ont-ils pas salué l'honneur qui vient de lui être fait par le Souverain-Pontife !

» C'est de cette acclamation unanime, Eminence, que je suis heureux d'être ici le modeste mais fervent écho, *en souhaitant de tout cœur à*

Son Eminence le Cardinal Langénieux de longues années de prospérité. »

Son Eminence répondit par une de ces improvisations dont il est impossible de reproduire la délicatesse et le charme :

« Tous ces honneurs se rapportent plus à son bon peuple de Reims qu'à lui-même et surtout à l'excellent clergé du diocèse, si dignement représenté par les prêtes présents. « Vous direz, Monseigneur, au Souverain Pontife, ce que vous avez vu, le témoignage de la foi du peuple, le cri de joie qu'il a fait entendre en l'honneur de Léon XIII, vous direz que depuis longtemps ce peuple de Reims est fidèle aux traditions de la sainte Eglise. » Son Eminence remercie encore Monseigneur l'Ablégat de ce qu'il a dit si bien et en français, et surtout dans un magnifique latin ; Elle pourrait faire un simple reproche à Monseigneur, celui d'avoir excédé dans l'éloge. Moi-même et tous mes prêtres, ajoute Son Eminence, nous tâcherons de ne pas rester trop au-dessous de ces louanges. »

Puis, se tournant vers le Garde-Noble, Monseigneur l'Archevêque se félicita de pouvoir le remercier en cette fête de saint Jean-Baptiste, patron de M. le comte Jean Naselli ; s'il est privé aujourd'hui des vœux et des félicitations de sa famille, il retrouve ici une famille et des frères qui le félicitent, lui souhaitent toutes sortes de prospérités pour l'avenir.

Le Dimanche 27 Juin, avait lieu la procession de la Fête-Dieu. Cette cérémonie, dans la Cathédrale de Reims, a toujours été et sera toujours une des plus belles manifestations religieuses et populaires du culte catholique. Cette année, elle avait un caractère encore plus imposant, à raison de la présence de Son Eminence Monseigneur le Cardinal et de l'Ablégat. Monseigneur Vico, chargé de présenter, au nom du Pape, au Président de la République, les insignes du Cardinalat destinés à Monseigneur Langénieux, remplaçait le Pontife durant la procession et portait le Saint-Sacrement.

La Cathédrale est encore parée comme au jour de l'entrée du Nouveau Cardinal ; les chapelles sont richement décorées par des massifs de plantes rares, envoyées par une généreuse personne ; les nefs sont garnies par une foule toute endimanchée.

Aussitôt après le chant des Vêpres, le cortège s'ébranle ; la musique des Frères, fort bien dirigée par M. Princiaux, fait entendre une de ses plus belles marches ; les enfants de toutes les Institutions religieuses de la ville, des députations des Ecoles libres des paroisses défilent avec leurs bannières riches et variées ; viennent ensuite les Cercles catholiques, les Séminaires, les membres du Clergé revêtus des magnifiques ornements du sacre de Charles X. Derrière le dais qui se balance majestueusement, marche Son Eminence, escortée par le comte Jean Naselli, portant sur son magnifique costume rouge la croix de la Légion-d'Honneur, qui vient de lui être décernée par le Président de la République. Ce grand costume rouge n'est porté que devant le Très-Saint Sacrement et le Souverain-Pontife.

Cette année, la procession sortit de la Cathédrale sans toutefois entrer sur la voie publique : un reposoir avait été disposé au perron du Palais.

Le coup d'œil des deux cours est alors très beau. Au milieu de la foule, sont les enfants avec leurs bannières ; sur les marches du perron se tiennent les lévites avec leurs ornements d'or ; au bas de l'autel, Monseigneur, en *cappa* rouge, est à genoux, avec son cortège particulier ; le bourdon tinte ; les tambours battent aux champs.

La procession rentre à grand'peine dans la Cathédrale. Après le Salut, la foule reconduit Monseigneur au Palais archiépiscopal : l'empressement est si grand que le Pontife ne peut s'empêcher d'en exprimer toute sa reconnaissance... Les fidèles, en se retirant, disaient à l'envi : « C'est fâcheux qu'une aussi belle cérémonie soit comprimée dans les murs d'une église, si grande soit-elle. »

Le soir, magnifique réception à l'Archevêché. Cette réception avait été précédée d'un diner de vingt-quatre couverts, auquel étaient conviés :

MM. les Comtes Romains, les chevaliers de Saint-Grégoire, les Présidents des œuvres catholiques de Reims et quelques autres personnes.

En termes élevés, tout imprégnés d'émotion et de reconnaissance, Monseigneur Langénieux a remercié ces Messieurs du précieux concours qu'il trouvait en toute occasion près d'eux, concours qui lui permettait de soutenir ou d'entreprendre tant de bonnes œuvres. « Merci, mes amis, merci », a dit en terminant Son Éminence.

Les réceptions ont commencé à 8 heures dans les salons de l'Archevêché.

Douze à quinze cents personnes, appartenant à toutes les classes de la société et à diverses œuvres, se sont présentées. Les ouvriers étaient au nombre de deux cents environ. L'un deux a lu une adresse à Son Éminence. Rédigée en excellents termes, elle a soulevé les applaudissements de tout l'auditoire.

Le Cardinal a eu un mot de remerciement pour chacun.

Tout le monde a admiré la distinction de Monseigneur Vico, ablégat, et de M. le comte Naselli, garde-noble de Sa Sainteté.

Pendant les réceptions, la Maîtrise, renforcée de quelques bons artistes, exécutait, dans un des salons, des chants qui ont été très appréciés de l'assemblée. En voici la liste :

1° Une cantate à Son Éminence.

2° Un morceau, fort bien enlevé, de la *Muette de Portici*.

3° Les *Laudes*, chant de l'ancienne liturgie de Reims.

Ainsi se terminent, à Reims, les fêtes données à l'occasion de l'élévation de l'Archevêque de Reims au Cardinalat. Monseigneur Langénieux s'est montré excessivement touché — et non sans raison, vraiment — de tous les témoignages de sympathie, de considération et de respect qui lui ont été adressés en cette solennelle circonstance. Comme l'a dit l'éminent prélat, c'est maintenant, entre lui et ses diocésains, « à la vie, à la mort ».

Monseigneur l'Ablégat et M. le Garde-Noble ont quitté Reims lundi, et sont partis pour Paris par le train de 2 h. 25.

A ROME

Huit mois se sont écoulés dans l'exercice des occupations multiples du ministère épiscopal. Son Éminence est appelée à Rome pour recevoir le chapeau cardinalice des mains de Sa Sainteté le Pape Léon XIII dans le Consistoire du 17 Mars 1887.

Parti de Reims le Lundi 7 Mars, Monseigneur le Cardinal arrivait le Mercredi 9 au Séminaire français, où des appartements lui avaient été préparés.

Le 13, il est reçu en audience privée par le Saint-Père.

Le 14, à l'issue du Consistoire secret, Monseigneur le Cardinal, avec Leurs Éminences les Archevêques de Sens et de Rennes, se rend à l'ambassade française pour recevoir les visites de félicitation.

La France, en effet, a voulu, en cette circonstance, prouver à l'Europe qu'elle est moins anticatholique — dans ses représentants — qu'on est en droit de le supposer. M. Lefebvre de Behaine a réclamé l'honneur de mettre ses salons à la disposition des trois Cardinaux.

Impossible de citer les noms des nombreux et illustres visiteurs qui sont venus rendre hommage à Leurs Eminences.

Le cardinal Langénieux, entouré de M. le comte Werlé, de Monseigneur Ciocci, maître des cérémonies pontificales, de M. Taillandier, curé de Saint-Augustin, de Paris, de M. Garot, curé-archiprêtre de Charleville, et de son Secrétaire, a été l'objet d'attentions particulièrement flatteuses. Un journal de Reims, le *Courrier de la Champagne,* dans une correspondance de Rome, le constatait en ces termes :

« Reims peut être fier du cardinal Langénieux. Les témoignages tout particuliers d'attention et de respect dont il a été l'objet prouvent en quelle haute considération on tient ici son caractère et sa personne.

» Les cardinaux Sacconi, doyen du Sacré-Collége, Schiaffino, Simeoni, Zigliara, Laurenzi, Oreglia, Seraphini, Cristofori, Bonaparte, Czasky, bien qu'ils ne soient pas encore tenus à faire visite, sont allés, les premiers, saluer le cardinal Langénieux. Son Excellence l'Ambassadeur d'Espagne est allé, en personne, Mardi soir, s'excuser de n'avoir pu se présenter à l'ambassade de France, obligé qu'il était de recevoir lui-même à l'ambassade d'Espagne. »

Le 17, avait lieu le Consistoire public. Nous ne pouvons mieux faire que de reproduire ici le compte rendu officiel publié le soir même par les journaux catholiques de Rome. Nous empruntons la traduction du *Moniteur de Rome* :

« Notre Très Saint-Père le Pape Léon XIII a tenu, ce matin, un Consistoire public dans le Palais apostolique du Vatican, pour donner le chapeau cardinalice aux Eminentissimes et Révérendissimes cardinaux : Zéphirin Gonzalès y Diaz Tunon, créé et publié dans le Consistoire secret du 10 Novembre 1884 ; Victor-Félix Bernadou, Elzéar-Alexandre Taschereau, BENOIT-MARIE LANGÉNIEUX, Jacques Gibbons, Charles-Philippe Place, créés et publiés dans le Consistoire secret du 7 Juin 1886 ; Gaëtan Aloisi-Masella et

Louis Giordani, créés et publiés dans le Consistoire de Lundi dernier.

» Ces Eminentissimes Cardinaux se sont rendus à cet effet, à neuf heures et demie du matin, à la chapelle Sixtine ; et là, pendant que les chapelains-chantres pontificaux exécutaient des motets de circonstance, ils ont prêté serment, d'après les Constitutions apostoliques, en présence des Eminentissimes et Révérendissimes Cardinaux chefs d'Ordre, du Camerlingue et du Vice-Chancelier de la sainte Eglise romaine, ainsi que du Camerlingue du Sacré-Collège.

» Pendant ce temps, Sa Sainteté est descendue avec sa noble Cour dans la salle des *Paramenti*, où l'attendaient les Eminentissimes Cardinaux. Son Excellence Révérendissime Monseigneur le Vice-Camerlingue de la sainte Eglise romaine, Son Excellence Dom Philippe Orsini, Prince assistant au trône, Son Excellence Révérendissime Monseigneur l'Auditeur de la Révérende Chambre apostolique, les Archevêques et Evêques et les divers Collèges de la Prélature romaine, les Officiers et les *cubiculares*, ainsi que le Secrétaire de la Sacrée-Congrégation des Rites, le Promoteur de la Foi, les Avocats consistoriaux et les autres personnages admis à prendre part aux cérémonies pontificales solennelles.

» Là, le Souverain-Pontife a revêtu les ornements sacrés ; puis, s'avançant dans la salle

Ducale, Il a pris place sur la *Sedia gestatoria,* au milieu des *flabelli,* et escorté des personnages susdits, Il a fait son entrée dans la salle Royale où, étant monté sur le trône, Il a commencé la cérémonie solennelle du Consistoire.

» Les Eminentissimes et Révérendissimes Cardinaux ont prêté d'abord au Saint-Père l'acte d'obédience, pendant que des chapelains-chantres exécutaient des motets de circonstance. Alors les nouveaux Princes de l'Eglise, introduits dans la salle Royale par les Cardinaux de l'Ordre des Diacres, se sont avancés jusqu'au trône du Souverain-Pontife, auquel ils ont baisé le pied et la main, et dont ils ont reçu le baiser de paix. Ils ont reçu de même l'accolade de leurs Eminentissimes Collègues et, ensuite, ils ont occupé au milieu d'eux la place respective qui leur est assignée. Cela fait, les nouveaux Cardinaux sont revenus devant le trône, où ils ont reçu le chapeau cardinalice des mains du Saint-Père, avec le cérémonial d'usage. Pendant les intervalles de cette cérémonie, l'Avocat consistorial, M. le chevalier Hilaire Alibrandi, a plaidé en faveur de la cause de béatification et canonisation de la Vénérable servante de Dieu, Marie Rivier de Viviers, fondatrice de la Congrégation de la Présentation de la Bienheureuse Vierge Marie.

» Sa Sainteté, s'étant alors levée devant le trône, a béni tous les assistants, et, ayant de nouveau pris place sur la *Sedia gestatoria,* Elle est retournée, avec le même cérémonial qu'auparavant et escortée du Sacré-Collège et de toute la Cour, à la salle Ducale et à celle des *Paramenti*, où Elle a déposé les ornements sacrés pour rentrer avec sa noble Cour dans ses appartements particuliers.

» Ensuite, les Eminentissimes et Révérendissimes Cardinaux se sont rendus processionnellement à la chapelle Sixtine, précédés des chapelains-chantres pontificaux, qui chantaient le *Te Deum*. L'hymne d'actions de grâces achevée, Son Eminence le Cardinal-Doyen a récité l'oraison *Super creatos cardinales,* et, au sortir de la chapelle Sixtine, les nouveaux Princes de l'Eglise ont reçu, pour la seconde fois, le baiser de paix de leurs Eminentissimes Collègues.

» Le Consistoire public étant ainsi terminé, le Consistoire secret a eu lieu dans la salle habituelle. Le Saint-Père, après avoir, selon l'usage, fermé la bouche aux Eminentissimes et Révérendissimes cardinaux Gonzalès y Diaz Tunon, Bernadou, Taschereau, LANGÉNIEUX, Gibbons, Place, Aloisi-Masella et Giordani, a daigné proposer et pourvoir les églises suivantes. *(Suit la liste des églises.)*

» Le Saint-Père a ensuite ouvert la bouche, selon le rit d'usage, aux Eminentissimes et Révérendissimes cardinaux Gonzalès y Diaz Tunon,

Bernadou, Taschereau, LANGÉNIEUX, Gibbons, Place, Aloisi-Masella et Giordani.

» Puis, l'instance du Sacré-Pallium a été faite à Sa Sainteté pour les églises métropolitaines de Melbourne, Bari, Verapoly, Paris (en faveur de Monseigneur François-Marie-Benjamin Richard, succédé par coadjutorerie au défunt Eminentissime cardinal Guibert), Calcutta, Nigra, Pondichéry, Colombo, Scutari, Madras, Fribourg, Saint-Jacques du Chili, Antivari et Bombay.

» Enfin, Sa Sainteté a remis l'anneau cardinalice aux nouveaux Princes de l'Eglise, en leur assignant les titres presbytéraux suivants : Sainte-Marie-sur-Minerve, à Son Eminence Gonzalès y Diaz Tunon ; la Très-Sainte-Trinité-du-Mont, à l'Eminentissime Bernadou ; Sainte-Marie-de-la-Victoire, à l'Eminentissime Taschereau ;

Saint-Jean-à-Porte-Latine, à l'Eminentissime
LANGÉNIEUX ;

Sainte-Marie-au-Transtévère, à l'Eminentissime Gibbons ; Sainte-Marie-*Nuova* ou Sainte-Françoise-au-Forum-Romain, à l'Eminentissime Place ; Saint-Thomas-in-Parione, à l'Eminentissime Aloisi-Masella ; et Saint-Martin-aux-Monts, à l'Eminentissime Giordani.

» Après être rentré dans ses appartements privés, le Saint-Père a reçu en audience particulière les nouveaux Cardinaux. »

Nous voudrions pouvoir ajouter à ce compte rendu trop succinct les considérations que fait naître dans tout cœur catholique la vue de ces saintes et solennelles cérémonies. La place nous manque pour dépeindre l'assistance si nombreuse et si variée du Consistoire public, la remise du chapeau, l'effet irrésistible que produit la formule prononcée par le Pape, lorsqu'il rappelle au nouvel élu qu'il doit désormais se consacrer à la défense de l'Eglise jusqu'à l'effusion du sang, devoir dont la Pourpre romaine est le symbole.

Le jour même du Consistoire public, par un billet de la Secrétairerie d'Etat, Sa Sainteté daignait assigner à Son Eminence le cardinal Langénieux les quatre Congrégations suivantes :

Congrégation des Evêques et Réguliers ;
— du Concile ;
— Laurétane,
— des Etudes ;

Les journées des 18, 19 et 20 Mars furent employées à rendre visite aux Eminentissimes Cardinaux, aux Princes romains et aux Ambassadeurs. Notons seulement la visite rendue le 19, avec le cérémonial d'usage, à Son Eminence le cardinal Sacconi, doyen du Sacré-Collège. Dans cette circonstance, comme dans toutes les cérémonies officielles, le cardinal Langénieux était accompagné de M. le comte Werlé, de Monseigneur Ciocci, cérémoniaire pontifical, et de deux domestiques.

L'église de Saint-Jean-Porte-Latine, dont le cardinal Langénieux avait reçu le titre, précieux héritage du cardinal Guibert, est une église filiale de Saint-Jean de Latran. Son Eminence exprima au Chapitre de cette Basilique le désir de prendre solennellement possession de son titre le 21 Mars, fête de saint Benoit, son patron,

En conséquence, le 21 Mars, à quatre heures et demie, le Cardinal, entouré de sa noble cour, fit son entrée dans l'église remplie de l'élite de la colonie française, qui, malgré le mauvais temps, était accourue en foule. On y remarquait des membres de toutes les communautés religieuses françaises des deux sexes, des Chapelains de Saint-Louis, des élèves du Séminaire français, de la Procure de Saint-Sulpice, et, à leur tête, Son Excellence l'Ambassadeur de France et Madame la comtesse Lefebvre de Behaine, Leurs Grandeurs Monseigneur Foulon, archevêque de Besançon, Monseigneur Theuret, évêque de Monaco, Monseigneur Mladenoff, évêque de Salonique, et un grand nombre de prélats, M. l'abbé Taillandier, de Paris, qui avait tenu à honneur d'accompagner à Rome son prédécesseur à la cure de Saint-Augustin, M. l'abbé Garot, curé-archiprêtre de Charleville, la famille de M. le comte Werlé, de Reims, la comtesse de Montebello, Mademoiselle Garot, etc.

Son Eminence le cardinal Langénieux, assisté de deux Chanoines de la basilique Latérane, Monseigneur de Neckere et Monseigneur Stonor, fut reçu à son entrée par trois autres Chanoines, Monseigneur Bianchi, Monseigneur Caprara, Monseigneur Magno, et par les religieux français du Tiers-Ordre régulier de Saint-François, qui desservent l'église.

Le chœur des musiciens était dirigé par le maestro Cappocci, maître de chapelle à la basilique de Latran, et les cérémonies par Monseigneur Ciocci.

Au moment où Son Eminence pénétrait dans l'église, les chantres entonnèrent l'*Ecce sacerdos*.

Ce chant terminé et le Cardinal étant à son trône, Monseigneur Caprara s'avança au milieu du sanctuaire et adressa à Son Eminence un discours latin que nous traduisons :

« Eminentissime Seigneur,

» Je renonce à exprimer toute la joie que procure aux chanoines et au clergé de Latran le choix qui assigne à votre personne le titre de ce glorieux sanctuaire. Ce choix, en effet, est pleinement justifié, car, pour taire les mérites insignes qui vous désignaient pour cet honneur, et que votre modestie ne me laisserait point énumérer, ils sont connus de tous ici, les noms de ces illustres Français, Benoît Adam, auditeur de rote, et Jean-Baptiste du Belloy, archevêque de Paris, à qui cette église est redevable de tout son éclat ; le premier fit construire, en l'honneur de saint Jean, sous le pontificat de Jules II, cette élégante et riche chapelle que nous voyons encore, et le second, au commencement de ce siècle, fit restaurer toute l'église délabrée par le temps, et la rendit au culte. Est-il besoin de rappeler les largesses dont la combla l'éminent cardinal Guibert, cette lumière de l'Eglise de France, qui, malgré le poids des ans et les défaillances d'une santé chancelante, excitait notre admiration à tous par son intrépide défense des droits de l'Eglise.

» Outre ces motifs généraux, il en est d'autres plus particuliers, et ceux-là encore plus décisifs, qui semblaient vous désigner tout spécialement pour ce titre très insigne.

» Tout d'abord, le choix de votre personne était une dette payée à la mémoire du vénéré Cardinal que je viens de nommer; car nous savons tous et l'estime singulière qu'il avait pour votre mérite et l'affection paternelle qu'il vous a toujours témoignée; aussi, il vous avait attaché à son administration en qualité de Vicaire général, et s'il a consenti à se séparer de vous, c'était pour vous voir placé sur le siège épiscopal de Tarbes.

» Ajoutez à cela que c'est un Evêque de Reims qui a donné à l'Eglise sa Fille aînée, la France; quoi de plus naturel alors que de voir décerner au successeur de saint Remi l'insigne honneur d'avoir pour titre cardinalice cette église, si étroitement unie à la basilique de Latran, Mère et Maîtresse de toutes les églises !

» Nous ne pouvons oublier non plus que c'est aux Archevêques de Reims qu'il a toujours appartenu de sacrer ces Rois de France qui étaient membres de notre Chapitre de Latran, et qui méritèrent à la France chrétienne cette devise élogieuse : *Gesta Dei per Francos.*

» Enfin, ce sont des fils de la France qui sont délégués actuellement à l'administration de cette église ; n'était-ce point une invitation à en confier le titre à un prélat français ?

» Qu'il me soit donc permis, Eminentissime Seigneur, de déposer à vos pieds, pour l'honneur si mérité qui vous est fait, les félicitations du Chapitre et de tout le clergé de Latran, et d'adresser nos prières au grand cénobite d'Occident que nous fêtons aujourd'hui et dont vous portez le nom, pour qu'il vous accorde de nombreuses et fécondes années, pour le plus grand bien de votre diocèse et de l'Eglise entière. »

Son Eminence, se levant aussitôt, répondit à cette délicate et gracieuse allocution :

« Avant même de vous remercier, Monseigneur, j'ai un devoir à remplir, bien doux à mon cœur, et que vous comprendrez facilement, celui d'exprimer ma reconnaissance au Souverain-Pontife pour le cadeau qu'il me fait en ce jour.

» C'est de sa main, en effet, et par un acte de sa seule volonté, que je reçois cette église. Sans doute, les présents du Pape, à cause de l'auguste majesté qui les donne, sont tous d'une égale valeur ; tous, par conséquent, méritent de notre part la même filiale et profonde reconnaissance. Mais serait-ce manquer au respect religieux, à la vénération que nous professons pour tous les actes de notre Père, que de rechercher les motifs qui nous rendent ses faveurs plus chères et plus précieuses ! — Assurément non. — Permettez-moi donc de dire en ce moment ce qui réjouit mon âme depuis le jour où je sais qu'un lien étroit m'attache désormais à l'église de Saint-Jean devant la Porte-Latine.

» Pour un Cardinal qui, à la première heure de son épiscopat, a résumé ses désirs et toutes ses espérances en ces quatre mots imités de saint Paul : « *Vivat in me Christus,* » quel plus beau titre, Messeigneurs et Messieurs, et plus enviable et plus significatif, que celui où se retrouvent et le nom et les plus grands souvenirs du « disciple que Jésus aimait ? » Si le Christ a vécu plus intimement en lui, c'est qu'il aimait davantage, c'est qu'il avait su, en reposant la tête sur la poitrine du Sauveur, attirer dans son esprit et de son cœur quelque chose des lumières de l'Homme-Dieu et de son amour divin. — Aussi saint Jean a-t-il été fort dans la persécution, fort dans les tourments, fort dans la vie et dans la mort. — Ah! c'est ici que l'on sent bien cette vérité, parce qu'on la touche pour ainsi dire de la main, à savoir que l'amour de Dieu est une force capable non seulement de résister à toutes les puissances du mal, mais encore de les surmonter!

» Rome, qui n'a point le tombeau de l'apôtre bien-aimé, mais qui l'a vu, enchaîné et triomphant dans le martyre, garde avec une piété digne d'elle ce coin de terre sanctifié par ses souffrances, illustré par la piété des chrétiens depuis bientôt vingt siècles;..... et c'est à ce sol sacré, dont la muette éloquence parle si fortement à l'âme, que, par ordre de Léon XIII, mon nom sera désormais attaché! Daigne le Saint-Père agréer l'hommage de ma gratitude! Et que saint Jean m'aide à réaliser plus complètement, dans le reste de ma vie, pour moi et pour tous ceux qui me sont confiés, le vœu que je ne cesse de formuler : « *Vivat in me Christus.* »

» Si, en qualité d'Evêque, j'aime cette église, je l'aime aussi à cause des souvenirs français que l'on retrouve dans son histoire et qu'on lit sur ses murailles.

» Dans la longue liste de mes prédécesseurs, j'ai compté plusieurs compatriotes illustres : l'un, qui a été comme moi, Evêque de Tarbes (1), de cette contrée bénie où la Très-Sainte Vierge a multiplié, de nos jours, les merveilles de sa toute-puissante bonté ; — un autre (2) qui, malgré le vœu de ses éminents Collègues du Sacré-Collège, par dévouement pour l'Église, dans la crainte d'éveiller des appréhensions légitimes et de troubler la paix dont les esprits avaient un si grand besoin après le schisme d'Occident, refusa de s'asseoir sur le Siège apostolique. — Dans notre siècle, deux Archevêques de Paris ont porté ce titre : le cardinal du Belloy, l'un de vos grands bienfaiteurs (3), et le cardinal Guibert, qui a laissé ici des traces durables de son passage, dont vous connaissez la générosité et dont je ne veux rien dire, puisque nous venons d'entendre que sa mémoire est dans tous les cœurs et son éloge sur toutes les lèvres.

» Enfin, les gardiens de ce sanctuaire, Tertiaires réguliers de Saint-François d'Assise, sont

(1) Gabriel d'Agramont ou de Grandmont, 3e titulaire de l'église de Saint-Jean devant la Porte-Latine, mort le 26 Mai 1534.

(2) Jean Suavius Reuman, évêque de Mirepoix, créé cardinal du titre de Saint-Jean en 1555, mort le 29 Septembre 1565.

(3) Mort en 1808.

des prêtres français, tant il est vrai que, depuis l'origine jusqu'à ce jour, tout ici parle de la France.

» Une autre pensée, Messeigneurs et Messieurs, vient encore me réjouir : c'est de me rapprocher, d'une façon indirecte, c'est vrai, mais réelle, de l'insigne basilique de Saint-Jean de Latran et de son illustre Chapitre. — Cette église, dont je deviens le titulaire, Messieurs les Chanoines, elle vous appartient, et tout atteste que vous lui faites une large part dans vos sollicitudes. Les rapports qui s'établissent aujourd'hui entre nous me donnent la consolation de contracter une union plus étroite avec l'église cathédrale du Pape : *Omnium Urbis et Orbis ecclesiarum mater et caput,* et ce lien est d'autant plus précieux pour moi qu'ici encore des souvenirs particuliers viennent ranimer ma foi. Vous gardez, en effet, la tombe d'un de mes prédécesseurs sur le siége de Reims, Sylvestre II, que mon Eglise a admiré sous le nom de Gerbert ; et, des trois autres Papes que nous avons donnés à l'Eglise romaine, deux surtout, le Bienheureux Urbain II et Adrien IV, sont comptés au nombre des défenseurs de vos droits et privilèges.

» Le passé s'unit donc au présent ; la foi, la piété, l'histoire, tout concourt à me rendre précieux le titre que je reçois aujourd'hui. Aujourd'hui, c'est-à-dire en la fête de saint Benoît dont j'ai reçu le nom au saint baptême, nom que portait aussi un autre Français digne de votre gratitude, Benoît Adam de Bourgogne (1), fondateur de la chapelle élevée au lieu du martyre de saint Jean, et dont la belle et touchante devise se lit au-dessus de la porte d'entrée : « *Au plaisir de Dieu !* » Je vous remercie, Messieurs les Chanoines, d'avoir bien voulu vous conformer à mon désir en fixant à ce jour qui m'est cher la cérémonie que nous accomplissons.

» Et maintenant, Messeigneurs (2), grâces vous soient rendues pour la bienveillance que vous me témoignez en venant assister à cette fête. Permettez-moi d'unir vos remerciements aux miens et de les adresser à Monsieur l'Ambassadeur de France (3). Votre présence, Monsieur le Comte, me touche plus que je ne puis le dire. Après ce que vous avez bien voulu faire jusqu'ici pour les cardinaux français, rien ne pouvait davantage vous mériter la gratitude de la France catholique, qui discernera aisément que votre démarche s'adresse non à ma personne, mais à

(1) Benoit Adam, auditeur de rote pour la France, fit bâtir cette chapelle en 1509.

(2) Sa Grandeur Monseigneur Foulon, archevêque de Besançon ; Sa Grandeur Monseigneur Theuret, évêque de Monaco ; Sa Grandeur Monseigneur Mladenoff, évêque de Salonique.

(3) M. le comte Lefebvre de Behaine.

la religion que vous savez si bien défendre et protéger.

» Je ne puis oublier mon église de Reims, si dignement et si noblement représentée ici (1) ; de ce sanctuaire béni, mon cœur se reporte vers elle avec une affection renouvelée, et je prie Dieu de récompenser ceux de ses enfants qui ont tenu à honneur d'accompagner jusqu'ici leur Archevêque.

» A vous tous, Messieurs et mes bien chers Frères, mes remerciements. — Ah ! laissez-moi traduire les sentiments qui m'animent envers vous par la parole dont j'ai toujours désiré faire la règle de ma vie et de mon ministère : *Vivat in me Christus !* Que le Christ vive en vous comme en saint Jean, pour vous rendre meilleurs, pour vous fortifier dans les adversités de la vie, dans les tentations du mal, dans les luttes nécessaires qui ne doivent se terminer pour chacun de nous que par le bonheur du ciel. Je vous souhaite à tous cette récompense : Au nom du Père, du Fils et du Saint-Esprit. Ainsi soit-il. »

(1) M. Garot, chanoine, curé-archiprêtre de Charleville ; M. le comte, Madame la comtesse Werlé et leurs enfants ; Madame la comtesse de Montebello ; Mademoiselle Garot ; M. Noiret, de Rethel.

Aussitôt que le Cardinal eut terminé son discours, le chœur entonna le *Te Deum*. Au verset *Te ergo quæsumus*, Son Eminence se rendit à l'autel, et après avoir chanté l'oraison d'action de grâces, donna au peuple la bénédiction pontificale. Puis, Monseigneur le Cérémoniaire ayant annoncé que le Cardinal accordait cent jours d'indulgence à tous les assistants, le cortège, suivi de la foule, se rendit au couvent attenant à l'église.

Là fut signé l'acte de prise de possession ; après quoi, des rafraîchissements ont été servis à toute l'assistance.

Le lendemain, 22 Mars, Son Eminence voulut célébrer la messe dans son église. Il fut reçu par une députation du Chapitre de Saint-Jean de Latran, et voulut bien distribuer la sainte Communion à un groupe de pieux fidèles français qui assistaient à cette cérémonie tout intime.

Le soir, un dîner officiel réunissait à l'ambassade les trois cardinaux français et quelques prélats italiens. Le cardinal Langénieux était accompagné de M. le comte Werlé et de M. le Supérieur du Séminaire français.

Avant les événements qui ont livré Rome aux Italiens, il était prescrit à tout nouveau cardinal de donner, avant de quitter la Ville Eternelle, deux dîners ; l'un appelé « *pranzo dicorte* », auquel était invitée la Cour pontificale, l'autre « *di famiglia* », auquel prenaient part les amis du cardinal et les prélats non attachés au Vatican.

Le 28 Mars, le Cardinal Langénieux, se conformant à cet usage, réunit à sa table, dans un des salons du Séminaire français somptueusement décoré, tout le personnel de la Cour pontificale ; puis, le 30, les Secrétaires des Congrégations qui lui avaient été assignées, les Supérieurs des Maisons religieuses françaises, quelques personnages français présents à Rome, etc.

Ce même jour, 30 Mars, Son Eminence était reçue par le Souverain-Pontife en audience d'adieu. A l'issue de cette audience, le Cardinal présenta au Saint-Père M. le comte Werlé et sa famille. Nous ne pouvons dire, ici, de quels témoignages de suprême bonté furent comblés ces nobles représentants de la ville de Reims. Les honneurs exceptionnels dont ils furent entourés, en cette circonstance principalement, la souveraine bienveillance du Pape à leur égard, les paroles de félicitation qu'ils entendirent de la bouche du Vicaire de Jésus-Christ, eux seuls peuvent les redire, et il n'appartient qu'à eux d'en parler.

Cinq jours après, le 4 Avril, Son Eminence le cardinal Langénieux, ayant rempli tous les devoirs de sa haute dignité, reprenait le chemin de la France et arrivait à Reims le Mercredi-Saint.

Le lendemain, à l'issue de la messe, en présence du Chapitre, du Clergé, des Directeurs et Elèves du Grand-Séminaire, M. l'abbé Juillet adressa à Son Eminence le discours suivant :

« Eminence,

» Nous bénissons Dieu de votre heureux retour au milieu de la famille diocésaine. Nos pensées, nos prières et nos vœux vous ont suivi dans la

Ville Eternelle, et ce n'est pas sans une vive et bien douce émotion que nous avons entendu les échos lointains des fêtes si solennelles du Consistoire. Nous étions fiers pour vous, Monseigneur, et pour le diocèse de Reims, de ces manifestations si glorieuses et si empressées dont entourait à l'envi votre personne tout ce que Rome renferme de plus noble et de plus illustre.

» Mais, dans ces grandes solennités, ce qui nous a été plus particulièrement au cœur, c'est la délicate et si aimable attention de Léon XIII, de vous avoir assigné pour titre cardinalice l'église de Saint-Jean devant la Porte-Latine. Au premier jour de cette année, nous disions que le cardinal Guibert revivait parmi nous dans son fils le cardinal Langénieux, et nous aimions à y voir une grande espérance pour l'église, pour la France et pour nous; et voilà que Léon XIII a confirmé cette parole en vous donnant ce titre qu'avait porté si glorieusement le cardinal Guibert, et qu'il avait pour ainsi dire légué à Votre Eminence à son lit de mort pour continuer son œuvre.

» D'ailleurs, Eminence, le titre de Saint-Jean devant la Porte-Latine ne pouvait convenir à personne comme à l'Archevêque de Reims. Votre métropole est unie et affiliée à Sain-Jean de Latran, la Mère et Maîtresse de toutes les Eglises. Votre Chapitre a l'honneur de porter les insignes des chanoines de Latran ; or l'église de Saint-Jean devant la Porte-Latine dépend du chapitre de Latran. Vous êtes donc deux fois chez vous dans votre église cardinalice.

» Enfin, Eminence, si l'Evangile nous raconte de saint Jean qu'il était le disciple que Jésus aimait, est-ce que nous ne pouvons pas dire, par une analogie frappante, que Léon XIII, lui aussi, a un Cardinal français qu'il aime, qu'il a choisi *motu proprio*, qu'il a voulu quand même revêtir de la Pourpre romaine, et en qui il repose ses meilleures espérances ? Ce choix de Léon XIII, c'est la gloire la plus pure du Cardinal de Reims ; c'est l'honneur incomparable de son Eglise.

» Aussi, Eminence, l'Eglise de Reims, dans un sentiment de pleine satisfaction et de joyeuse reconnaissance, n'a-t-elle plus qu'un vœu à former : c'est que Dieu accorde à son Cardinal de longs, de très longs jours, pour son bonheur et le bonheur de l'Eglise. »

Dans sa réponse, Monseigneur le Cardinal annonça, aux acclamations de tous les assistants, que notre Très Saint-Père le Pape, voulant honorer la personne du Cardinal-Archevêque et en même temps récompenser les services qu'ils ont rendus au diocèse, avait élevé MM. les vicaires généraux Tourneur et Péchenard à la dignité de Protonotaire apostolique.

Une autre faveur avait été accordée par le Souverain-Pontife, que Son Eminence n'a pas annoncée le même jour, à cause de l'éloignement du prêtre vénérable à qui elle était destinée.

Mais le jour de Pâques, M. Peltier, vicaire général, du haut de la chaire de l'église de Charleville, annonçait à la paroisse émue que le Pape, sur la demande de Monseigneur le Cardinal, avait élevé M. l'abbé Jean-Baptiste-Marie Garot à la dignité de Prélat de la Maison de Sa Sainteté.

Après le récit qui précède le *Bulletin du Diocèse* ajoute :

« Ainsi, les *Fêtes du Cardinalat*, commencées au milieu de l'enthousiasme spontané du clergé et du peuple de Reims, heureux de voir les hauts mérites de son Archevêque reconnus et récompensés, se terminent en nous laissant au cœur la reconnaissance que méritent les bienfaits répandus sur tous par l'Elu de Léon XIII.

» Interprète des prêtres et fidèles du diocèse, le *Bulletin* résume les sentiments de tous ses lecteurs par ce vœu de la sainte Liturgie, simple et grand, comme toute parole de l'Eglise :

» *AD MULTOS ANNOS !* »

ARCHEVÊQUES DE REIMS

QUI ONT PORTÉ

La Pourpre Cardinalice

1.—GUILLAUME DE CHAMPAGNE *(aux blanches mains)*, évêque de Chartres, puis archevêque de Sens, nommé à l'archevêché de Reims en 1176, créé cardinal au mois de Décembre 1182. Il est le premier évêque français honoré de la pourpre.

2. — LE B. GUY PARÉ, successeur de Guillaume de Champagne, fut nommé cardinal et évêque de Preneste vers 1191, archevêque de Reims en 1204.

3. — SIMON DE CRAMAND, archevêque de Reims en 1409, cardinal du titre de Saint-Laurent in Lucina en 1413, et ensuite du titre de Preneste.

4. — RENAUD DE CHARTRES, archevêque de Reims en 1414, conseiller de Charles VII, cardinal du titre de Saint-Etienne au mont Cluis en 1439.

5. — GUILLAUME BRIÇONNET, cardinal du titre de Sainte-Pudentienne en 1495. Fut nommé archevêque de Reims en 1497.

6. — Charles Dominique de Carrect, cardinal en 1505. Succéda à Guillaume Briçonnet en 1507, et de Reims fut transféré à l'archevêché de Tours.

7. — Jean de Lorraine, cardinal du titre de Saint-Onuphre en 1518, archevêque de Reims 1532.

8. — Charles de Lorraine, archevêque de Reims en 1538, cardinal en 1547, cinq jours après le sacre de Henri II. Il mérita le nom de grand cardinal de Lorraine.

9. — Louis de Guise de Lorraine, archevêque de Reims en 1574, cardinal en 1578.

10. — Nicolas de Pelvé, cardinal, transféré de l'archevêché de Sens à l'archevêché de Reims en 1592.

11. — Louis de Guise de Lorraine, petit neveu du grand cardinal, archevêque de Reims en 1603, créé cardinal en 1615.

12. — Antoine Barberin, neveu du pape Urbain VIII, cardinal depuis 1627, nommé à l'archevêché de Reims en 1657.

13. — François de Mailly, transféré de l'archevêché d'Arles à l'archevêché de Reims en 1711, créé cardinal par Clément XI en 1719.

14. — Charles Antoine de la Roche Aymon, archevêque de Reims en 1763, créé cardinal en 1771.

15.—Alexandre-Angélique de Talleyrand-Périgord, archevêque de Reims en 1777, cardinal le 28 Juillet 1817, archevêque de Paris, le 1er Octobre 1817.

16. — Jean-Marie-Anne-Antoine de Latil, archevêque de Reims en 1824, cardinal en 1825.

17. — Thomas-Marie-Joseph Gousset, archevêque de Reims en 1840, créé cardinal du titre

de Saint-Calixte le 30 Septembre 1850, mort le 22 Décembre 1866.

18. — On peut compter encore parmi les archevêques de Reims honorés de la pourpre, Guillaume de Bray, cardinal et archidiacre de Champagne, qui avait été élu en 1264 par une partie des chanoines tandis que les autres donnaient leurs suffrages à Jean de Courtenai, chanoine de Chartres, dont l'élection fut confirmée par Urbain IV. — Gerbert, après avoir quitté le siège de Reims, a été créé cardinal et est devenu pape sous le nom de Sylvestre II.

Aucun siège épiscopal en France, croyons-nous, ne peut se glorifier d'une aussi longue liste de cardinaux.

Imprimerie E. BUGG, rue Notre-Dame, 4.

Reims, Imp. E. BUGG

www.ingramcontent.com/pod-product-compliance
Ingram Content Group UK Ltd.
Pitfield, Milton Keynes, MK11 3LW, UK
UKHW020308180726
13839UKWH00001B/411